【文庫クセジュ】

ナポレオン三世

ティエリー・ランツ著

幸田礼雅訳

白水社

目次

はじめに　9

第一章　皇帝の甥　14

I　オランダ王妃の息子

II　亡命学校

III　イタリアでの冒険

IV　若い継承権者たちのリーダー

第二章　陰謀家　26

I　ストラスブール事件

II　ブーローニュ事件

第三章　ボナパルティスムの改革者　38
Ⅰ　一八四〇年のボナパルティスム
Ⅱ　アムの大学
Ⅲ　帰還
第四章　フランス初代大統領　48
Ⅰ　普通選挙の勝利
Ⅱ　十二月十日の男
第五章　帝国の復活　56
Ⅰ　一八四八年憲法の施行
Ⅱ　実力行使
Ⅲ　一八五一年十二月二、三、四日
Ⅳ　帝国

第六章　皇帝 69
Ⅰ　ナポレオン三世の肖像
Ⅱ　帝室のシステム
第七章　ナポレオン三世の内政 81
Ⅰ　絶対王政
Ⅱ　野党の台頭と自由主義的皇帝
第八章　ナポレオン三世の外交政策 94
Ⅰ　戦略
Ⅱ　一八一五年体制の終焉
Ⅲ　見果てぬ夢――イタリア
Ⅳ　失墜

第九章　ナポレオン三世のフランス　112
Ⅰ　ナポレオン三世と経済
Ⅱ　経済の発展
Ⅲ　社会
第十章　一八七〇年戦争とナポレオン三世の失脚　126
Ⅰ　強くて脆い帝国
Ⅱ　避けがたい戦い
Ⅲ　戦争への道
Ⅳ　ナポレオン三世は戦争を望んでいたか？
Ⅴ　潰走
結論　追放と死　136
年譜　ナポレオン三世とその時代　140

訳者あとがき —— 149
参考文献 —— i

はじめに

ルイ十四世の治世以来、フランス歴代の指導者のなかで、一八四八年から五二年まで共和国大統領を務め、五二年から七〇年まで皇帝として君臨したルイ＝ナポレオン・ボナパルトほど長期にわたりフランスを統治した人物はいなかった。にもかかわらず、この君主は過去数十年間、一般大衆からもまた歴史研究者からも、ほとんど好意を寄せられることがなかった。一八五一年十二月のクーデタと一八七〇年の最終的な破局に、人びとの目は覆われてきたのである。

ナポレオン三世は長いあいだ誤解され、またあまり愛されてもこなかった。一八七〇年以降の共和国の年代記は、彼の人柄と政治とを一括して括弧にいれ、それらを「共和国にいたるまでのフランスの不可避的な歩みにおいて起こった、不幸かつ不吉な事件」として要約した。以後第一次大戦が終わるまで、復讐心に動かされた結果として、彼に関する研究には、先行した帝政を貶め、新体制を合法化しようとする意志の痕跡が刻み込まれつづける。そうした事情を充分承知のうえで、ナポレオン三世の性格と思想は風刺され、能力は過小に評価されていた。大学での研究もごくわずかであった。歴史の舞台に登場した人物のメモワール（たとえばエミール・オリヴィエの記録）も、本来の価値とは無関係な好評しか博さなかった。アルザス地方とモーゼル県の返還こそは、沈滞していた研究の第一波を生むきっかけとなった。ひるがえって、一八五二年早々、ヴィクトル・ユゴーはその著書『小ナポレオン』によって誤解の先陣を切った。のちの何世代かの人びとは、共和派の大御所であるこの大作家に踵を接するようにつづいた。教育もまたこの傾向に貢献し、黒騎兵(1)たちも少なからずこの公的思想の担い手となった。第四共和制になっても学校では第三級の生徒が、「ナポレオン三世時代においては、政治活動は事実上皆無であった」と教えられていた。人びとは初代皇帝の甥による制度と「有害な」外交政策をことさらに強調した。結論としては、公式の教科書はヴィクトル・ユゴーの系統に属し、「いずれにせよナポレオン三世は、カヴールやビスマルクのような政治的天才に対抗できる器量ではない」（第三級用教科書『現代史』、リジェル社）という点を力説していた。そうした議論はいずれも論争の対象となりうるとしても、また根本的にはこれらの議論が真実の一部（しかもほんの一部）を含んでいるとしても、教科書が当時の複雑な政治的現実や支配的経済の諸局面、あるいは外交政策の根本に生徒たちの目を開かせることもなく、そのような形で体制の紹介だけでことをすまし、影の薄い君主としてのナポレオン三世像を流布させたのは特異な徴候であった。

（1）十六世紀半ば、シュマルカルデン同盟のドイツ騎兵の一部はピストルを携行するようになったが、彼らは独特の黒い鎧を着用し、黒騎兵と呼ばれた。転じて第三共和制下の一時期、アフリカ系移民の子孫の教員たちがこの名で呼ばれた〔訳註〕。

フランスの左翼は概して自分たちを共和派の戦いの嫡流と自認し、ジョレスの『社会主義の歴史』の穏やかな調子に反して、自分たちの引き立て役として第二帝政を利用した（フランソワ・ミッテラン『永遠のクーデタ』参照）。つい最近の時代まで、論争においてナポレオン三世と比較することは、相手に対する中傷的攻撃と同義となった。

第二次大戦以後、歴史家たちはこの問題領域に身を置かなくなった。ナポレオン三世とその業績を再発見しようという動きは、アングロ＝サクソン人の労作を通じて陽の目を見ることになる（ゼルダンやスミスなど、巻末参考文献【9】【6】）。他方、フランス学派は彼の思想的な歩みをよりいっそう明らかにしようとしていた。一九六〇年代はじめ、『ナポレオン三世、二十世紀の人』というタイトルだけですでに彼の復権に相当するような著作を通して、デステルヌとシャンデ（参考文献【2】）の二人が新たな流れをつくった。その一〇年後、アドリアン・ダンセットが、このテーマを歴史分野に据えて一般大衆の理解と研究のためになるような、重要かつ総合的な著作数点を発表した（参考文献【1】【10】【11】【12】）。かくしてナポレオン三世は、過剰な批判や賞賛とは無縁な歴史上の今日的地位を獲得したのである。(1)

（1）ナポレオン三世のこの伝記を補完する意味で、コレクション・クセジュのG・プラダリエ『第二帝政』、F・ブリュシュ『ボナパルティスム』等の作品を読むことを読者にお勧めする。なお年代記的把握は本書巻末の年譜を参照するのがよい。

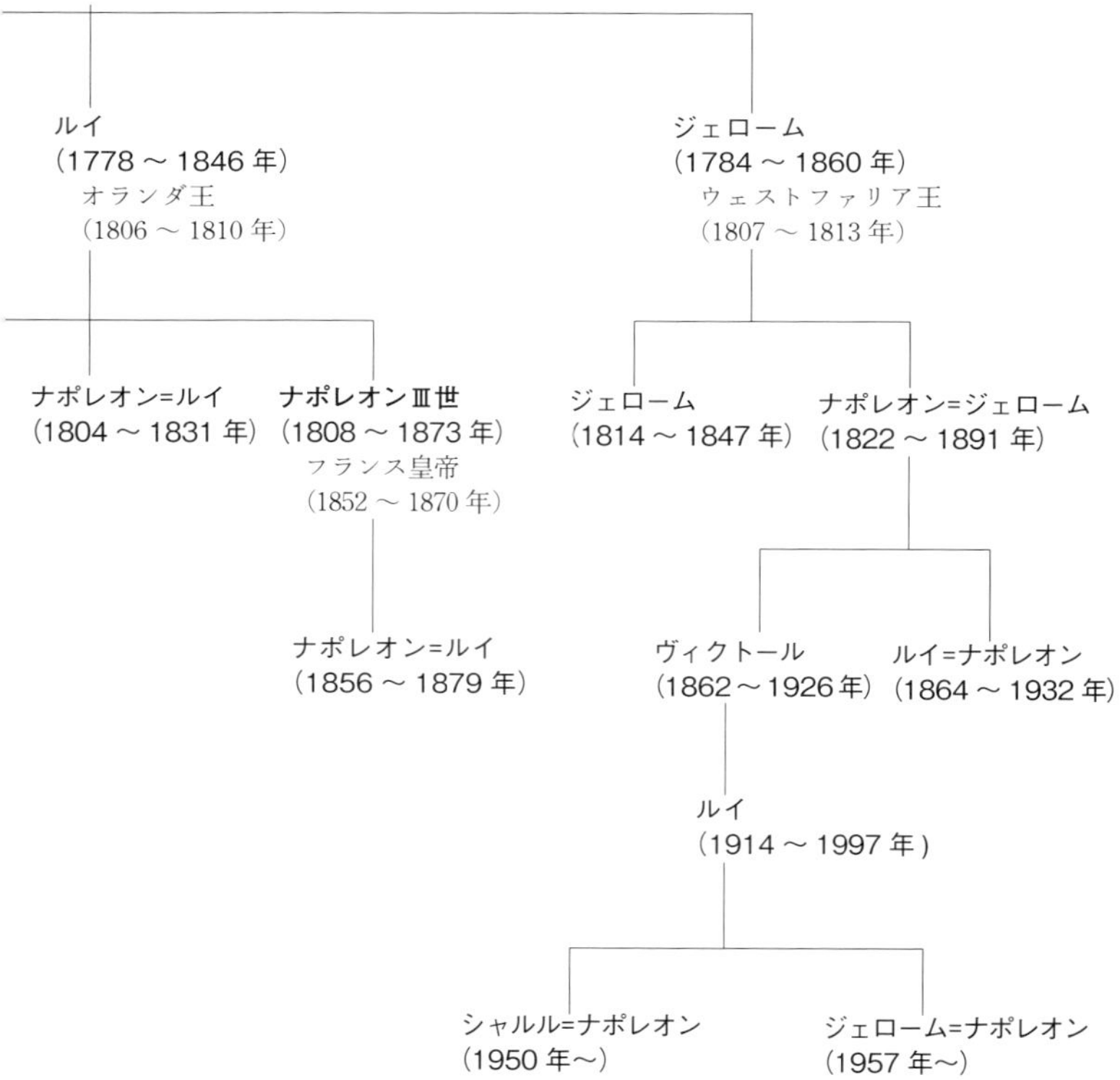
ルイ
（1778 ～ 1846 年）
オランダ王
（1806 ～ 1810 年）
ジェローム
（1784 ～ 1860 年）
ウェストファリア王
（1807 ～ 1813 年）
ナポレオン=ルイ
（1804 ～ 1831 年）
ナポレオンⅢ世
（1808 ～ 1873 年）
フランス皇帝
（1852 ～ 1870 年）
ジェローム
（1814 ～ 1847 年）
ナポレオン=ジェローム
（1822 ～ 1891 年）
ナポレオン=ルイ
（1856 ～ 1879 年）
ヴィクトール
（1862 ～ 1926 年）
ルイ=ナポレオン
（1864 ～ 1932 年）
ルイ
（1914 ～ 1997 年）
シャルル=ナポレオン
（1950 年～）
ジェローム=ナポレオン
（1957 年～）

ボナパルト家男子系図

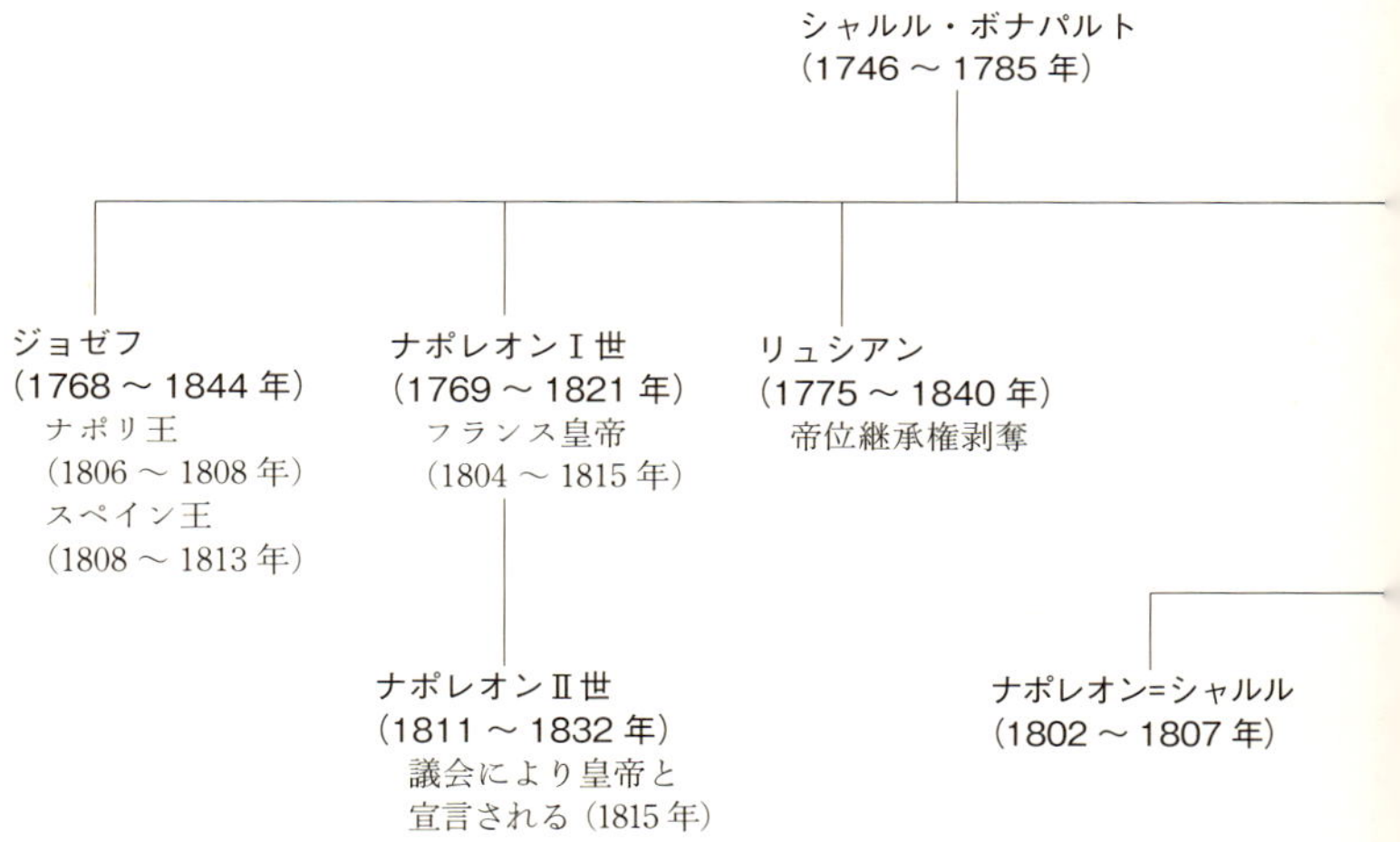
シャルル・ボナパルト
（1746 〜 1785 年）
ジョゼフ
（1768 〜 1844 年）
ナポリ王
（1806 〜 1808 年）
スペイン王
（1808 〜 1813 年）
ナポレオンⅠ世
（1769 〜 1821 年）
フランス皇帝
（1804 〜 1815 年）
リュシアン
（1775 〜 1840 年）
帝位継承権剥奪
ナポレオンⅡ世
（1811 〜 1832 年）
議会により皇帝と
宣言される（1815 年）
ナポレオン=シャルル
（1802 〜 1807 年）

第一章　皇帝の甥

一八〇八年四月二十日から二十一日にかけての夜、パリのセリュッティ通り〔現在のラフィット通り。参考文献【3】九頁〕で、オランダ王ルイ・ボナパルトと、皇妃ジョゼフィーヌの娘オルタンス・ド・ボーアルネのあいだの三男シャルル＝ルイ＝ナポレオン・ボナパルトは生まれた。いいかえれば皇帝ナポレオンの甥であると同時に皇妃ジョゼフィーヌの孫、つまりルイ＝ナポレオン（という名のほうが一般に知られていよう）は、新王として、ナポレオン時代が絶頂期に近づいたヨーロッパのフランスで生まれたのである。一八一〇年十一月、洗礼がフォンテーヌブローの宮殿内教会で行なわれ、これにもとづいて華やかな皇室の儀式が催された。ナポレオンが名付け親となり、オーストリア出身の新たな妻マリー＝ルイーズが代母、皇帝の叔父フェッシュ枢機卿が祭式を主宰した。父親のルイがいないのを残念に思わなくてもよいとすれば、すべては完璧であったろう。元王のルイは前年七月、オランダ王位の座を追われていたし、すでに二年前の一八〇八年、彼は息子の誕生に立ち会うことを放棄していたのである。(1)

（1）ルイ・ジラールによれば、オルタンスとルイの仲は政略結婚で結ばれた関係や、長男ナポレオン＝シャルルの死などが重なって不仲で、そのうえ兄ナポレオンとの軋轢もあってルイは一八一〇年以後、すべての肩書きを棄ててボヘミアン的生活に入ったとされる。参考文献【3】一〇頁〔訳註〕。

一八〇八年になるやルイ王のこうした態度は、彼の父性に関する疑惑を醸成していた。つまりオルタンスが王家につかえるある士官の誘惑に屈したという、告発があった。陰謀家フーシェが、この噂を流さなかったとは言いがたい。警察大臣という彼の地位を考慮すれば、噂が信憑性をあたえられるだけで、ナポレオンがオルタンスの子を養子とするのは難しくなったにちがいない。ルイ・ボナパルトにしてみれば、オランダ王国を失ったのち、おそらく別れた妻を傷つけるために、噂に従った。[1] ローマ王〔ナポレオンとマリー＝ルイーズの実子〕の誕生によって帝位継承権は安定化したらしく、この議論は二義的な意味しかもたなくなった。ずっと時代が下って、彼がプランス＝プレジダン〔帝位継承権をもった大統領の意〕から皇帝ナポレオン三世になったとき、敵対者たちは政権を揺さぶろうとして、改めて出生の疑惑をもちだして、彼が皇帝の威光をふりかざす正当性を認めなかった。ヴィクトル・ユゴーは独特なニュアンスをもつ作品『小ナポレオン』において、この敵を「コルシカ系オランダ人」と呼んだ。ナポレオン三世はこの問題を無視してはいなかったし、ときには内輪のあいだでも皮肉を浴びたはずである。ある日ナポレオン一世に話がおよんだとき、いとこの一人がズバリと言ってのけた。

「陛下、あなたには彼らしいところが全然ありませんねえ！」。すると皇帝はため息混じりに答えた。

「いや、私には彼の家族があります」

（1）父親の可能性を持った人物は複数存在するが、伝記作家ジラールはいずれとも結論をくだしていない。参考文献【3】一〇～一一頁〔訳註〕。

ナポレオン一世の弟ルイ・ボナパルトが父親であったか否かという問題に関して、歴史家たちの意見は分かれるが、彼らの大半はナポレオン三世はオランダ王の実の息子だったという結論をくだしている。思うにすべては日付の問題からの推測であろう。オルタンスの息子は、両親の出会いからみて一八日早すぎるか、一八日遅すぎて生まれた。つまり両親はめったに一緒に暮らさなかったが、一八〇七年の夏の終わりに何度か会っている。自然の気まぐれを考慮すれば、早いか遅いかはたいした意味はない。あえて言えば、ナポレオン三世の同時代人たちは叔父との類似点をほとんど認めなかったとしても、彼を知る人びとはルイ・ボナパルトの特徴が、ある程度彼に認められると書いているのである。さらに言えばルイは、シャルル（一八〇二年に生まれ、一八〇七年に突然死）とナポレオン＝ルイ（一八〇四年生まれ）についで生まれた三男の誕生日を祝って首都を飾り、盛大な祝典開催を命じている。結局、オランダ王がナポレオン三世の本当の父親であったかどうかはたいした問題ではない。この点に関する疑惑は、政治的にほとんど重要ではないのである。

I　オランダ王妃の息子

テュイルリーやフォンテーヌブローの宮廷であれこれ囁かれたとしても、皇帝ナポレオンはジョゼフィーヌの娘の（公然たる）浮気の噂にはいっこうに耳を貸さなかったらしい。兄ウジェーヌとならんで、彼女も政治的義務や皇族としての任務とは別に、つねに手厚い処遇を享受していた。皇帝の好意は、彼女の子供たちにも及んだ。デュシ〔ルイ・デュシ、一七七五～一八四七年、フランスの画家〕の絵は、ミュラと弟ルイの子供たちに囲まれたナポレオンと、その膝に乗っている未来のナポレオン三世を描いている。オランダ王の子供たちは頻繁にテュイルリーに連れていかれ、皇帝は彼らを迎え、暇があれば一緒に遊んだ。雛鷲〔エーグロン、すなわちナポレオン二世〕が生まれる一八一一年三月まで、彼らは当然ヨーロッパに君臨する皇位の継承権者と考えられてさしつかえなかった。実際、一八〇四年五月十八日の元老院決議は、ジョゼフとルイ・ボナパルト（他の兄弟はのぞく）あるいは彼らの子供たちを、初代皇帝の達成した事業を継続する存在として想定していた。したがって誕生と同時にルイ＝ナポレオンは、ジョゼフ（彼には二人の娘しかいない）、父ルイ、兄ナポレオン＝ルイについで第四番目の継承順位にあったことになる。そういうわけで当時、ルイの子供をナポレオンの養子にしたらという話が盛んになされた。そうしていれば皇帝は、あれほどに願っていた「本来の」世継ぎを産めないジョゼフィーヌを離婚せずにすんだし、ハプスブルク家のマリー＝ルイーズが歴史に登場することもなかったであろう。オルタンスの子供たちは、あいかわらず宮殿における地位を保てたし、あるいはそれがナポレオン自身の継承政策にもとづく計算だったかもしれない。

ボナパルト家のなかでルイとオルタンスの夫婦の繋がりほど不釣り合いで浅い関係があったろうか？オランダ王は一七七八年に生まれ、兄ナポレオンに育てられ、その命令によって軍歴をつみ、旅団少将にまでなった。一八〇二年、彼はオルタンス・ド・ボーアルネつまりジョゼフィーヌの初婚の娘を娶らされた。この結婚は、滑りだしから失敗だった。夫は早くから性病に冒され、ノイローゼを病み、他人に厳しく、閉鎖的で気難しかった。五歳若い妻は華やかな社交界で育ち、知的で、豊かな感性と教養をもち、大勢の客を迎え入れ、ものを書き、歌をつくった（一八一五年後の亡命生活のなかで作曲した彼女の《シリアへ発つ》は、第二帝政の国歌となった）。

ルイとオルタンスは、ルイがオランダ王となったとき（一八〇六年）も含めて、ごくわずかな期間しかともに暮らさなかった。彼らの三人の息子たちは、その滅多にない出会いの成果であり、正当な継承者をほかにもたないことを心配したナポレオンの帝位継承政策から強制的に産まされた子供たちであった。オルタンスにはパリに複数の愛人がいたが、そのなかの一人タレーランの庶子フラオー（一八一〇

〜一八一七年）とは、息子をもうけた。それが未来のド・モルニー公である〔一二〜一三頁、ボナパルト家系図〕。

　一八一四年に起こったボナパルトの最初の失脚は、オルタンスと息子の生活にさしたる影響をもたらさなかった。若い妻はロシア皇帝アレクサンドル一世に接近し、その庇護によってルイ十七世から赦免を得たうえに、四〇万フランとサン＝リュウ公爵夫人の称号を賜った。

　百日天下のときは、「オルタンス、おまえが私の大儀を捨てるとは思ってもみなかったよ」といってナポレオンは養女を非難したのち赦し、取り戻した帝室の女主人とした。ジョゼフィーヌは前年に亡くなっており、マリー＝ルイーズはオーストリアに引き取られていた。オルタンスとその子供たちは、二、三か月のあいだ、皇帝と水入らずの家族となったのである。

　ワーテルローの戦役（一八一五年六月十八日）は、百日天下の幕間劇に終止符を打った。軍隊と合流するためパリを発つさい、別れの挨拶にきたルイ＝ナポレオンについて、「この子を抱いてやってくれ、心根の良い子だ。いつか我が一族の希望となるかもしれない」とナポレオンは大元帥ベルトランに言ったとされる。後年ナポレオン三世によって語られたこの逸話は、信じるにはあまりにできすぎていよう。

　ナポレオンが敗れ、ロシュフォールからエクス島、さらにセント＝ヘレナ島へと去っていったのち、オルタンスは復古王政政府にとって自分が邪魔な存在であることを思い知らされた。この年の七月、彼女もまた亡命の道を歩むこととなった。

Ⅱ　亡命学校

オルタンスはまずエクス＝レ＝バンに向かった。そこでナポレオン＝ルイは母親の手から離され、父親に託された。ルイ＝ナポレオンと二人きりになった彼女は、アウクスブルクを通ってコンスタンツへ着き、そこでバーデン大公から隠れ家をあたえられた。バイエルンの王妃と結婚した兄ウジェーヌは現地で尊敬され、そのおかげでオルタンスは多額の補助金を手に入れた。夫のルイもしぶしぶながら一〇〇万フラン出してくれたので、コンスタンツ湖のほとりに親子は落ち着き、一八二〇年にはその地方のアレネンベルクに小さな城館を買うことができた。それからルイ＝ナポレオンの教育が始まり、彼はアウクスブルク、アレネンベルク、ローマで人間形成の数年を過ごすこととなっていく。

息子に対するオルタンスの教育的影響は、きわめて大きい。彼女は「社交界」で皇室の殿下にふさわしい生きかたを教えた。おかげで彼はドイツの名家の人びとや高位の外国の賓客やフランス人（シャトーブリアン、アレクサンドル・デュマなど）と出会うことができた。後者はスイス領に滞在中の元オランダ王妃と会える機会を逃さず、やってきた人びとだった。オルタンスは、とくに息子の芸術的人間的能力の覚醒を助長しようとして、あまり原則に拘泥することはなかった。こうした教育の不均衡を意識した彼女は、もってこいの家庭教師を見つけた。そのベルトラン神父との出会いはあまりうまくいかなかったが、その後一八二〇年、フィリップ・ル・バがアレネンベルクにやってきた。元軍人で官僚だったル・バは、テルミドール九日に自殺した国民公会議員の息子であると同時に、モーリス・デュプレ（ロベスピエールの友人で、かつ彼の家主）の孫に当たり、フリーメーソンで共和派であった。彼は一八二七年までルイ＝ナポレオンのもとにとどまり、それまで甘やかされたと思われるこの生徒を鍛え直した。(1)二つの教育方式は溶け合って見事に実を結んだ。ルイ＝ナポレオンはあらゆる分野で進歩を遂げてアウクスブルクのリセに入学し、しかも素描、乗馬、水泳、剣術において優れた能力を保ちつづけた。一八三〇年初頭、未来の皇帝はドイツ語、英語、イタリア語を正しく話すことができた。アレネンベルクを訪れたさい、シャトーブリアンは皇子と会って、彼が「勤勉かつ知的で、名誉心に富み、生来の威厳を備えた青年」であることを見抜いた。

（1）くわしくは、巻末参考文献（訳者による）【21】二四〜二五頁〔訳註〕。

毎年夏になるとオルタンスと息子は、イタリアに向かった。ローマではボナパルト一家は母后〔マリア＝レッツィア・ボナパルト、一七五〇〜一八三六年、ナポレオンの母〕を恭しくかこみ、ナポレオン崇拝の儀式を行なった。ナポレオンが亡くなると（一八二一年五月五日）、期待はオーストリア王子となった彼の息子にかけられた。ローマでルイ＝ナポレオンは兄ナポレオン＝ルイと再会した。二人の若者は政治について語り、ウィーン会議によって葬り去られたかつてのヨーロッパで自分たちが果たすはずだった役割を想像した。彼らが最初に栄光を夢見る視線を向けたのは、教皇とオーストリアの桎梏に悩むイタリアであり、この点で彼らは、アレーゼ伯爵〔アレーゼはミラノの名家の一つ〕をはじめとする若いイタリアの愛国主義者たちに励まされた。兄ナポレオン＝ルイはカルボナリ党員になった。一部の歴史家は、ルイ＝ナポレオンも同じ秘密結社に入ったと考える。

多くの秘密結社と同様、カルボナリも最初は一種の友愛組織であった。当初それは炭焼きや樵《きこり》といった森林労働者を集めていた。フリーメーソンの場合と同じく、ここも「思慮深い」俗衆を誘って入会させた。一説には、フランソワ一世も仲間入りをしたとされる。友愛より政治が優先しはじめたのは、ミュラの統治時代が終わる南イタリアからであった。カルボナリの目標は、あらゆる絶対的権力の破壊によって生まれる半島の独立に変わった。ナポレオン=ルイはヴェンテ〔二〇人委員会というカルボナリの組織、あるいは集会所〕の一員であった。ただし弟のほうは、この運動の目標を闘争において利用したとはいえ、メンバーであったかどうかはそれほど確かではない。いずれにせよ、カルボナリ党員として宣誓したか否かはともかく、諸国民をまとめて解放したいという未来の皇帝の願望が生まれたのは、この時期だと考えられる。

Ⅲ　イタリアでの冒険

ボナパルト家一族の例に漏れず、ルイ=ナポレオンも軍隊と戦争の道を歩もうとしていた。彼はまずギリシア独立運動のために戦うことを考えた。ついでロシア皇帝の部隊に入ってトルコ戦争に加わることを目指した（一八二九年）。最後は育ての国スイスに向かい、一八三〇年六月、その砲兵隊に入隊した。だがその制服を着て踏みだそうとした最初の一歩が、フランスからきた知らせによって躓く。七月革命はシャルル十世を追放し、オルレアン公が後釜に座った。蜂起した一部の人びとは、バリケードの上で「ナポレオン二世、万歳！」と叫んだという。ローマにいたボナパルト一家は、ほとんど即座にパリに行くための荷造りにかかった。だが旧帝国の老雄たちに囲まれたルイ=フィリップの最初の足取りから生まれた希望は、長続きしなかった。平民国王はボナパルト家とその政治的運命にいささかの同情ももっておらず、せいぜい自由主義者の遺産と支持を得んがためにナポレオンの偉功を讃えたにすぎない。一八三〇年九月、ボナパルト一族の追放が、法律によって確定した。パリの事件に立ち会わなかったとはいえ、一族はそこに「自分たちの革命」が封印されたことを知った。以来ルイ＝フィリップは、権力の簒奪者と考えられるようになった。とはいえ、それまで帝位継承と政治問題の解決に目を向けすぎていたボナパルト家は、オーストリア政府の善意にすべてを託しながら（といって、こちらはナポレオンの子孫に帝国を返す気はさらさらなかったのだが）、結局は無気力となり、その日の安逸に汲々としていた。

家族の方針でフランスにおける一切の企てが御法度になり、年長者たちが無関心になることに、若い皇子たちは我慢がならなかった。一八三一年早々、イタリア王にナポレオン二世を就位させようとした嫌疑で、ルイ＝ナポレオンは教皇警察によりローマから追放された。彼はフィレンツェにいる兄のもとに走り、二人は武装グループに入って働いた。この部隊はロマニア〔ラヴェンナを中心とするイタリア北東部〕で教皇とオーストリア政府を相手に戦っていた。当時ボナパルト家の庇護者になっていた教皇を敵にまわしたと聞いて激怒した元オランダ王ルイは、息子たちの動きを阻もうとあれこれ裏工作を行なった。一方、叛乱者たちは二人を隔離し、フランスからの支援を得ようとした。オーストリア側の反撃で、叛軍は蹴散らされ、若い皇子たちはフォルリへ逃げたが、一八三一年三月十七日、その地でナポレオン＝ルイは麻疹を患って死んだ。

オルタンスは、同じ病気にかかった弟を救った。フォルリに着いた彼女は息子を転地療養に連れだし、フランスを横断した。春になって彼らはパリに入った。国王ルイ＝フィリップはパレ＝ロワイヤルで元オランダ王妃を迎え、彼女の首都滞在に目をつぶった。五月六日、ルイ＝ナポレオンと母親はロンドンに到着し、三か月滞在した。若い貴公子の熱気は鎮まるどころか、イタリアでの失敗は、逆に彼の行動熱をかきたてていた。ときにはルイ＝フィリップのフランスが、自分にどこか異国の戦場で剣をふるうことを求めてきたり、自分が力ずくでルイ＝フィリップからいとこの王位を奪ったりする図を想像した。[1]こうした未熟で非現実的な構想から彼を引き離すことができたのは、若い何人かのイギリス女性だった。一八三一年八月、再びフランスを横断してアレネンベルクへの道を引き返した。スイスのトゥールガウ州はルイの息子に市民権をあたえた。後年第二帝政の反対派は、この些細な事実を持ちだして、ナポレオン三世はフランス人ではないと主張することとなる。

（1）参考文献【3】二三頁参照。ロンドン滞在中、シャルル十世の息子ベリー公爵夫人マリー・カロリーヌは、息子アンリ・ダルトワの王権継承の正当性を主張した。彼女は一八三二年に摂政の資格で王権奪取を試みたが失敗に帰した。ルイはこの陰謀を企てようとしている人びとと接触したと思われる。ルイ・フィリップとシャルル十世とはいとこの関係である〔訳註〕。

Ⅳ　若い継承権者たちのリーダー

一八三二年七月二十二日、二十二歳のナポレオン二世はウィーンで死んだ。訃報を聞いてボナパルト一族は茫然自失した。大鷲のもとに生まれた雛鷲は、ライヒシュタット公としてオーストリア宮廷で育てられ、一族の希望を象徴していた。ルイ＝ナポレオンの継承順位は、叔父ジョゼフ、父ルイに次いで第三位に上がった。だが同年代のあいだでは第一位にある彼は、叔父や父の無気力を拒否し、帝政復活を望んでいる。他方その希望は、一家の強い怖れを買うこととなり、叔父ジョゼフまでが帝国失墜時にまとったアメリカ風豪農の衣服を捨てて、大陸に戻ってきた〔ジョゼフは一八一五年から一八三二年までアメリカに亡命していた〕。ロンドンで家族会議が準備された。元スペイン王ジョゼフのほか、リュシアン・ボナパルト（彼には継承権はまったくない）が出席し、ルイ＝ナポレオンは、疲労と痩せすぎで動けなくなっている父親の代理として出た。アレーゼ伯といとこのアシル・ミュラを伴って、彼はイギリスの首都で半年を過ごした。この時期を利用して彼はイギリスの政治的習慣と親しんだり、工場を訪れたり、鉄道に試乗したり、ロンドンにいる政治亡命者、イタリアやポーランドの愛国者たちとかたはしから会ったりした。またイギリスを抜けだしてベルギーに行き、ひそかにラ・ファイエットとも会ったが、彼の転覆計画について当然叔父たちは心配していた。「ブリュメール十八日」(1)はまだまだ先のことだし、壮大な叙事詩の役者たちは年老いてしまったことを彼は知った。老人たちへの敬意こそ欠かさなかったが、青年は彼らの同意なくして行動しようと心を固めたのである。

（1）一七九九年十一月九日（革命暦のブリュメール十八日）のナポレオンのクーデタ。この日ナポレオンは総裁政府を打倒し、代わって統領政府が樹立された。ここではもちろんルイ＝ナポレオンにとっての革命の日である〔訳註〕。

スイスにもどったルイ＝ナポレオンは、政治的な記事やパンフレットを書きはじめる。最初の成功は砲術のマニュアルで、一八三四年にその集成が刊行されて、とくにこの武器の専門家の注意を集めたといわれる。ベルンの砲兵隊に指揮官に任じられたからといって「トゥールガウ州民」ルイ＝ナポレオンは政治的企てを捨てたわけではない。一族は彼を結婚をさせて、賢明になってもらうことにした。そのためポルトガルやドイツ方面の相手を調べる。(1)だが無駄だった。結局、ジェローム・ボナパルトは娘のマチルドを、扇動家の彼に与えることに同意した。いとこ同士の二人はまもなく婚約を交わした。互いに愛情を抱きあったにもかかわらず、二人は結婚しなかった。結婚の式典が行なわれる前に、ルイ＝ナポレオンは陰謀家の道を選び、フランスに戻って帝国再建を果たそうとしたからである。

（1）ボーアルネ家と縁続きのポルトガル王女ドーニャ・マリアや元ウェストファリア王ジェローム（ナポレオンの末弟）の娘マチルドとの結婚話が持ち上がった。後者との仲が深まりかけたのは、以下にある通り。マリアについては、参考文献【3】三〇～三一頁参照〔訳註〕。

第二章　陰謀家

フランス国民はボナパルトを待っている、その出現によってルイ＝フィリップを追放し、帝国の鷲の旗のもとに集おうとしている……。そう信じきってルイ＝ナポレオンは人生の一五年間を陰謀に捧げ、クーデタを繰り返し、追放と投獄の借りを返そうとしていた。一八三五年から一八四五年までの一〇年のあいだ、彼は世に知られ、ともかくも大衆に認められる。興奮と行動と勉強の歳月を過ごし、いくたびかの冒険を経験したその果てに、彼は申し分ないボナパルト家の帝位継承権者となった。

I　ストラスブール事件

一八三五年ルイ＝ナポレオンは、フランスの友人たちの勧めによって、アレネンベルクでフィアラン伯「ド・ペルシニー」(1)と呼ばれる男を迎えた。元帝国軍隊の軍人を父とし、みずからもその下士官の経験がある若い野心家ペルシニーは、ボナパルティストとして広く聞こえた人物だった。二人のあいだに、以後数十年間つづく友情と協力の関係が始まった。この関係を通してペルシニーは、実に内務大臣にまでのぼることになるのである。この新たな協力者は地下活動の専門家で、まもなく信じがたい企てに加わった。すなわちフランス東部から皇子をパリへ上洛させる、いうならばストラスブールから出て「エルバ島の帰還」をやろうという計画である。

(1) ジャン・ジルベール・ヴィクトール・ド・ペルシニー、一八〇八〜一八七二年、ロワール県出身の政治家。なおフィアランという名は、ペルシニー子爵と名前の交換をしたので、以下はペルシニーだけを使う〔訳註〕。

1 陰謀の発端

追放、逃亡、冒険のなかで育ったルイ=ナポレオンは、終始骨の髄まで陰謀家でありつづける。イタリアにおける彼の活動には非合法活動と秘密作戦の趣味が加わった。ボナパルト家の玉座への復位は、少なくともルイ=フィリップがテュイルリーにとどまるかぎり、強力な意志と大胆な行動なくしては不可能である。

一八三〇年初頭、彼は友人や間諜の組織を集め、ヨーロッパの随所に張り巡らせた。ナポレオン二世の没後、当然ながら支持者の数は増え、大陸で帝政を懐かしむあらゆる人びとがアレネンベルク詣でにやってきた。人びとは彼に会い、語りかけ、フランス軍隊に広がる不満や民衆の期待を表明した。ペルシニーの登場以後、こうした動きはいっそう熱を帯び、大規模になっていった。新たな腹心ペルシニーは意欲と活力に溢れ、オルガナイザーとしての資質を備えているうえに情報にも通じていたので、まもなく新たな企てが実現可能に思われてきた。

ルイ=ナポレオンの計画は、一言でいえばストラスブール駐屯隊を味方につけることである。つまり不意打ちと自発的な、あるいはもくろまれた蜂起、さらに強力な大衆運動に乗じてフランス東部随一の部隊をパリに向かって進ませるということだ。

ストラスブール叛乱計画は、よく準備されていたので成功する可能性はあった。当時七月王政の軍隊は、ドイツ、フランス、ベルギーにおけるナポレオン軍の生き残り部隊によって広く構成されていた。政府によって掌握されるのに不安を感じていたこれらの部隊は、「崩れやすく」て、帝位継承権者の到来に簡単に熱狂したであろう。ストラスブールという土地の選択もまた一貫性を欠いてない。というのも、帝政時代、この都市はつねに「ボナパルト派」であった（そのことを知るには、一八一四年から一五年にかけての攻囲戦に関してなされた住民投票の投票率と、彼らが与えた支持を調べれば充分である）。一八三〇年以来ストラスブールは「自由派」に位置づけられており、またこの頃自由派とボナパルティストとは大儀を共有していたので、すべての期待に実現の可能性があった。

フランスとバーデンの国境にとどまっていたルイ=ナポレオンは計画前の数か月間、市民や軍人を含む何十人もの訪問客を迎えて、彼らの説得に努めた。一八三六年八月十五日（ナポレオン一世の誕生日）にひらかれた盛大な宴会で、彼は出席者から喝采を受け、居合わせた士官たちは政権奪取の日が近づいていると公言した。

年を追って集められた親しい腹心たち（ペルシニー、パルカン、レティなど）のほか、ルイ=ナポレオンは、ストラスブール砲兵隊指揮官ヴォドレーの支持も得ることができた。革命時代ナポレオンが勤務したことのあるこの部隊が真っ先に集まり、これにならって他の部隊が駆けつける手はずとなった。

2　挫折とその結果

一八三六年十月二十五日、ルイ=ナポレオンはアレネンベルクを発って、数日間ストラスブールに滞在した。十月三十日早朝、鷲をいただく三色旗を囲む参謀本部を従えつつ、彼はヴォドレー隊の兵舎に現われ、ヴォドレーに進軍命令をくだし、アルザス州の首都の市街地を占拠しはじめた。若干の将校が知事と軍司令官のもとに派遣された。しかし司令官は説得にも逮捕にも応じようとせず、哨戒隊も蜂起に参加することを拒否した。叛乱開始から二時間後、ルイ=ナポレオンは大多数の同志とともに捕らえられたが、ペルシニーは逃げおおせた。

オルタンスはまたしても、息子を救うことに成功した。独房に入れられ、銃殺を覚悟していた彼は、パリに移送された。元オランダ王妃はすでにフランス王と大臣たちの心を首尾よく動かしていた。大臣たちはルイ=ナポレオンの企てを極度に怖れていた。確かに今度の事件はそれほど馬鹿馬鹿しい試みではなかったし、あらゆる点から見て彼らは厳しい罰をくだそうとしていた。にもかかわらず叛乱の首謀者を見逃す道を選んだのは、民衆の行動力を抑えるためである。正規の裁判官ならこの首謀者を生け贄にしただろう。だがルイ=フィリップはただちに彼に特赦をあたえ、アメリカへ追放することを決定した。一八三六年十一月二十一日、ルイ=ナポレオンは護衛艦ロリアン号に乗ってフランスを離れた。途中嵐に遭いリオに寄港、さらにノーフォークに上陸したのち、一八三七年四月三日、ニューヨークに着いた彼を、奉公人テラン、ミュラ兄弟、リュシアンの息子ピエール・ボナパルトが迎えた。

ストラスブール叛乱のニュースはボナパルト一族の怒りを買った。ルイ=ナポレオンは叔父ジョゼフの「継承順位第一位」を無視して、勝手に行動したのだ。一家の人びとは、血の気の多い甥に対してルイ=フィリップがあたえた良識ある教訓と優遇措置に、ほとんど感謝の念さえ抱いた。ジェローム・ボナパルトは娘マチルドに、いとことの交際を禁じ、彼女はおとなしくこれに従った。未来の皇帝は、同志とともに裁判を受ける道を当局から拒否されたので、おおいに面目を失った。もっとも同志たちも、翌年には民衆の喝采を浴びつつ釈放された。つまりストラスブール事件は、ルイ=ナポレオンのイメージにとって、さほどマイナスにはならなかったのである。

3　ある時代の終わり

ルイ＝ナポレオンはアメリカに数か月しかとどまらなかった。母の健康に関する急報が、届いたからだ。早速帰ることに決め、まず向かったのがロンドンである。そこにはペルシニーがいた。アメリカでつくった偽のパスポートを携え、アレネンベルクの母オルタンスの枕頭へ急ぐ（一八三七年八月初め）。母が亡くなる一八三七年十月五日まで、彼はそこを離れなかった。皇子にとって、母の庇護と寛大さのもとで生きた一つの時代が終わろうとしていた。そして新たな道が開ける。ルイ＝ナポレオンはいまやみずからの企図と運命に、一人で立ち向かう。さらに彼はボナパルト一族をもまた相手としなければならない……。

彼にとって幸いなことに、フランス政府は彼をこれまでのように見くびることなく、逆に彼に喧嘩を売ってきた。ストラスブール事件について著わしたレティのメモワールを口実に（おそらくその出版費用は、ルイ＝ナポレオンが出していた）[1]、ルイ＝フィリップはスイス政府に対し陰謀家の追放を要請したのだ。スイス政府は事を長引かせたので、フランスは国境に部隊を集めた。いまや大君主のルイ＝ナポレオンは、育ての国を守るためにアレネンベルクを去った（一八三八年十月）。このできごとはヨーロッパ中に伝えられた。自由派の喝采を浴びながら、逃亡者はドイツを通って、またしてもロンドンに入った。

歴史の頁がもう一枚めくられる。ルイ＝ナポレオンは旅行者として以外、二度とアレネンベルクに帰ることはないであろう。

（1）レティは、ルイ＝ナポレオンが手直しした原稿をベルンで『一八三六年十月三十日の事件』と題して発行した。巻末参考文献（訳者による）【20】一〇九頁〔訳註〕。

II　ブーローニュ事件

ルイ＝ナポレオンはロンドンでもあいかわらずペルシニーと離れず、もとの鞘に収まろうとしなかった。それどころか、ストラスブール作戦を再開して今度こそ成功させたいと、それぱかり念じてうずうずしていた。彼は「ボナパルティスム」すなわちナポレオン的思想の人気が高いことを知っており、軍隊はもちろん自由派の支援も期待していた。そういうわけで彼は、新たな事件を起こし、それが有利な結末にいたるような計画とその基礎づくりを考えていた。

1　ナポレオン的観念

いまや帝位継承者として振る舞う彼を、イギリスの首都は快く迎えた。フランスとスイスのあいだで起こった紛争のおかげで有名になったこの新来の客は、イギリス上流社会によって敬意をもって受け入れられたにちがいない。母親から受け継いだ遺産で金持ちになったルイ＝ナポレオンは贅沢に暮らし、これまで何度となく迎えてくれたこの都市と社会に進入できるような非公式の社交も無視しなかった。第二帝政下の仏英の良好な関係が、この亡命時代の記憶によって育まれたことは疑いがない。

この抑制された生活から見て、ルイ＝ナポレオンは野望を捨ててしまったと考えるべきであろうか？むろんそんなことはない。彼は社交家と陰謀家を両立させようとしていた。とりわけボナパルティスムの教義を明らかにしようとしていた。一八三九年七月、『ナポレオン的観念』[1]と題する一種の綱領が著わされた。

（1）なお、この著作について鹿島茂氏は、ルイ＝ナポレオンの「初の本格的著作」として重視している。参考文献（訳者による）【21】三八頁〔訳註〕。

帝位継承者として彼は「自分が忘れられないことより、自分が自分なりの思想をもっていることを証明することのほうが大切だ」と説く。

二五〇頁あまりのこの著書は、無数の引証にもとづいた雑駁な文章から成り立っているが、そのなかでルイ＝ナポレオンは「ナポレオン的観念」から、『セント＝ヘレナ島覚書き』で紹介された現代的なボナパルティスムの展望をつくるのだと主張している。だが根本的にはその意図は部分的にしか成功せず、せいぜい叔父の事業の総合的提示で終わっているにすぎない。作品中独創的なものも何一つ見あたらない。彼の手法は「ナポレオンの思想のなかでもとくにセント＝ヘレナ島で生まれた思想を解釈し、発展させ」（フレデリック・ブリューシュ、参考文献【7】【8】）る点にあった。そうすることによって若きプリンスは、やや曖昧なボナパルティスムという遺産の相続人候補者として自己主張しようとした。

形式的にはルイ＝ナポレオンの政治文学的企ては成功した。その売り上げは好調で（三刷）、世界各国に普及した（六か国語に翻訳）。無名の身の彼を世に出したストラスブール事件以後、『ナポレオン的観念』は権力闘争における彼の地位を確立させた。元オランダ王の息子はまずその野望を明らかにし、ついでその計画を公表した。

これによって彼は、ルイ＝フィリップを倒すべき権利が再度自分にあたえられたと考えたのである。

2 新たな陰謀

ストラスブールでの失敗は陰謀家である彼にとって教訓として役立ち、第二の企てはよりいっそう入念に準備された。それはまず世論に沿って準備された。一八四〇年初頭『ナポレオン的観念』につづいてペルシニーが、『ロンドンからの手紙』[1]を公表し、ルイ＝ナポレオンに酷似したある英雄的貴公子を登場させた。政治的著作につづいたプロパガンダは、帝位継承主張者を七月王政の犠牲者に仕立てることを目指さなければならない。同じ頃いくつかのパリの新聞は補助金をもらって、皇帝の甥と生まれかけた活動に好意的な記事を書いた。ナポレオン伝説の人気は、偉人の遺骸がフランスに帰還するという知らせと相まって沸騰した。

(1) この書簡集は匿名で出版された。正確なタイトルは『ルイ皇子に宛てたロンドンからの書簡』である。参考文献【3】五二頁〔訳註〕。

ルイ＝ナポレオンはフランスの沿岸に上陸し、ブーローニュ地域に駐屯する第四二歩兵連隊を集結させ、パリに進軍することを考えていた。今回は軍隊の支持を確保しようと考えたのである。そこでリール市指令官マニャン、ロンドンの彼に会いにまできたクローゼル元帥、そしておそらくは東部地域の司令官数人に彼は接近した。陰謀家の密使たちが多額の金をもって発ち、帰って来たときそのポケットは空だった。こうしてオルタンスから相続した金の一部が投下され、彼の計画に関心のある指揮官だけが、密使と接触したのであろう。

上陸に関してルイ＝ナポレオンには、一握りの共謀者しか部隊らしいものがなかったが、それはいずれもきわめて強い意志の持ち主であった。セント＝ヘレナ島までナポレオンに従ったモントロン将軍は、最も有名な人物である。他の人びと（ヴォワザン、パルカン、ブフェ＝モントバン、ラボルド、アラドニーズ、メゾナンなど）には、かつてナポレオンの軍隊でもいくたびとなく戦った経験がある者や、下位の等級にある現職軍人もいた。ストラスブール事件に参加した人びともいた。さらにおよそ一〇人くらいの「突撃隊」をつくる使用人や志願兵を加えなければならない。これらのあまりぱっとしない一団に、ある士官の約束通り四二歩兵連隊が加われば、いっそう勇ましい雰囲気が生まれ、他の部隊に影響するばかりでなく、とにもかくにも七月王政に対する脅威となったかもしれない。

一八四〇年八月五日、遠征隊は借り上げた蒸気船で船出をした。翌日、ルイ=ナポレオンとその一行はブーローニュ付近の海岸に上陸した。だが活劇はストラスブールのとき以上に長くはつづかなかった。海岸で一味は税関職員に正体を見破られ、彼らに無理矢理市内への案内をさせた。ここで兵士、将校といった詰問者が走り、警報を発するのを見過ごすなど、一味はたくさんの誤りを犯した。第四二隊の兵舎の中庭で起こった混乱のなかで、ルイ=ナポレオンとペルシニーは頑なな士官たちと立ち向かわざるをえなくなった。皇子は冷静さを失って発砲してしまい、これで作戦は万事休すとなった。連隊は組まれず、副知事は市内に残る軍人や忠実な市民を集結させることに成功した。陰謀家の小隊は戦いながら後退し、ブーローニュの柱のまわりに集まった。四〇年ほど前、ナポレオン隊がイギリス侵攻を準備するさい集まった地点に立つ柱である。結局一行は海岸から、沖を通過する蒸気船へたどり着こうとした。叛乱軍国防軍と四二連隊の兵士の銃撃と税関からの救援隊の到着が、彼らの最後の企てを葬り去った。ルイ=ナポレオンとその共犯者たちの二人が死に（一人は銃弾を受け、もう一人は溺死）、何人かが負傷した。ルイ=ナポレオンとその共犯者たちは逮捕された。

ブーローニュ事件においてルイ＝ナポレオンは、自分への信頼が完全に失墜したと思ったかもしれない。それほどに遠征隊は王政府の目に馬鹿げたものと映った。未来の皇帝にとって幸運だったのは、権力側は厳しい姿勢を示し、首謀者に重罪を課そうとしたため、かえって彼に「迫害された皇子」の印象を与えてしまったことだ。おかげで彼は長い要塞暮らしのなかで、その野心と戦略をゼロから考え直すことができた。言い換えればまさにこのとき、彼は権力への最善の歩みを準備することができたのだ。

逮捕から数日にして彼はパリに移され、コンシエルジュリに幽閉され、内外の新聞が自分の企てを揶揄して描くドラマに立ち会った。「この気違いじみた行動には、もしそこで血が流れていなかったら、人びとは笑ってしまっただろう」と、『ル・コンスティチュショネル』は書いた。同様の調子は『デ・バ』紙にも見られる。「彼は英雄気取りで、汚すべからざる名をもらいながら、それを汚しかねなかったことがわかっていない。とはいえ、そうした異常なまでの愚かしさも、罪と流された血を購いきれるものではない」。こうしたフランスの新聞に外国紙も歩調を合わせ、たとえば『タイムズ』紙はルイ＝ナポレオンを「愚かな悪党」と決めつけている。またしてもボナパルト一族はお騒がせ屋の無鉄砲によって動揺する。父ルイは、公の場では「息子は仲間に引きずられた」と言い張りながら、個人的にはもう「自分には息子はいない」と言いきった。ジョゼフは怒っていた。

熱気がさめ、一味の裁判は慎重に分離されて行なわれた。同じ頃、海の上ではルイ＝フィリップの息子ジョワンヴィル王子が、ナポレオンの遺骸を乗せた船をフランスに向かって航行させていた。政府は叔父を讃えると同時に、甥を罰するという、厄介な立場に陥った。裁判は、冒頭から政治的なものになった。裁く立場に置かれたのは貴族院である。一八四〇年九月二十八日から十月六日にかけて、院の裁判はかつてナポレオン時代の警察庁長官パスキエ議長のもとで執行された。ベリエとマリーによって弁護されたルイ゠ナポレオンは威風堂々と振る舞い、企ての全責任を引き受け、仲間の責任免除を得ようとした。

ルイ゠ナポレオンは死刑あるいは追放を免れた。彼は要塞での永久蟄居を命じられたが、そのことを伝えた書記官に対し、「書記官君、フランスには『永久』なんてものはありません」と言ったと、当時の新聞は報じている。アラドニーズは終身刑、モントロン、ペルシニー、パルカンそしてもう一人の共犯者ロンバールらは二〇年の刑がくだされ、それ以外の者はより軽い刑に処せられ（二～一五年の刑）、何人かが無罪とされた。三一二人の議員のうち一五二人が賛成した〔残る一六〇名はなんらかの形で棄権。参考文献【3】五九頁〕。

政府は成功のチャンスがまったくないこの遠征を狂気の沙汰とし、ルイ゠ナポレオン皇子を狂信家として示そうとした。だがこんにちでは、それは事実と全然違うことがわかっている。ブーローニュ事件は、ストラスブールの場合より、よく準備されていた。同調者はフランス各地に生まれていた。ルイ゠ナポレオンとその共犯者はもちろん尋問のさい、その範囲を明らかにすることを拒否し、のちになっても会話や覚え書きのなかでも沈黙を守りつづけた。企てがすぐに失敗したのは、政府が隊に密告者を忍び込ませることに成功し、決行の日時を知っていたからかもしれない。この時代の歴史に関して屈指の専門家で、しかもいかなる後継者の追随を許さないアドリアン・ダンセットは、内務大臣に通報したのはモントロンだと考えている。

貴族院が判決をくだすや、ルイ゠ナポレオンはただちに蟄居を命じられ、アム〔北仏ピカルディ地方アム市〕の要塞に連行された。まさにルイ十一世によって建てられたこの要塞のなかで、彼は新たな政治的教養と、より「社会的な」未来像をつくりあげていく。彼が疲弊した七月王政の苛酷な仕打ちを受けたのもここである。さらに彼がボナパルティスムを革新し、権力奪取に向かってそれを発進させたのもまたこの要塞からであった。

第三章　ボナパルティスムの改革者

ルイ＝ナポレオンは五年半アムの要塞に幽閉された。もちろん彼に適用されたのは、高位の囚人を対象とする規制（最初は厳しいが、のちに緩やか）であった。彼にはいくつかの居室のほか図書室が与えられ、訪問客も迎えることが許された。とはいえ、ボナパルトの継承者は、完全に閉じこめられた状態に置かれた。彼はこの窮境を好機に転じて、これまでの人生と野望を再検討することにした。もちろん権力を勝ち取るという目標を捨てたわけではない。彼はものを書くことによって、自分の存在を忘れ去られないように、また教養全体を活性化し、とくにナポレオン伝説に依存していたボナパルティスムを真の政治的潮流に変えようとした。離れ業《わざ》的な脱出劇は、実は権力奪取へのサインだったのである。

I　一八四〇年のボナパルティスム

一八四〇年のボナパルティスムとは何であったか？

偉人ナポレオンの遺骸がパリ市内を通ってアンヴァリッド〔廃兵院〕に向かっているとき、それはナポレオン伝説と混同されていた。一八二一年ナポレオンが死んで以来、ボナパルティストたちは、正統王朝派〔オルレアン派に対し、一八三〇年に王位を追われたブルボン家シャルル十世の支持者〕、立憲王政派、オルレアン派から共和主義にいたるまでさまざまな政党の内部に散らばってしまった。ナポレオン二世の復帰や、ボナパルト家の殿下たち（ジョゼフ、ルイ、ルイ＝ナポレオン）をたてて帝国再建を目指す人びとはきわめて少なかった。実際、過去の戦友たちは既得権益を補強し、財産や帝政全盛時代に制度化された年金を守ることに成功し、現在それらをつつがなく享受できることを願っていた。生き残った者にとって、遺骸の帰還は時代の終わりを告げる弔鐘として響いた。棺がアンヴァリッドに安置される、モンセー元帥が「さあ、帰って、死のう」と囁いたとき、彼は大方の人びとの印象を要約していた(1)。

(1) アドリアン・ジャンノ・ド・モンセー、一七五四～一八四二年。一八三三年以降、廃兵院院長を務めていた彼は、遺骸の剣の束を握ってこの言葉を言ったとされる〔訳註〕。

だが大衆の心では、ナポレオンとその帝国の記憶はなお脈々と生きていた。若者の栄光の夢を育てる老戦士や、行商人の手を介して国中にあふれる冊子や素朴な絵に支えられて、伝説は羽ばたいている。七月王政が保守主義の眠りに沈んでいるとき、帝国は活気と、豪華さと、国民的栄光に満ちた時代のように思われた。それは時代の空騒ぎから生まれたいささか曖昧なノスタルジーであり、こうした世論の動向は堅固な政治の基礎にはならない。しかしルイ＝ナポレオンはそこに組織し、発展させるべき駆け引きの根拠を認めた。

ナポレオンは自派の人びとにあまり明確な教義を残さなかったが、彼が徹底したプラグマティストであることを思えば、これは驚くには当たらない。せいぜい言いうることは、そのボナパルティスムとは、「人民」主権、執行機関における権限の集中、そして有無を言わせぬ命令である。これらの原理は、百日天下のさい、ジャコバン的（エルバ島からの帰還中、発せられた宣言にもとづけば）かつ、議会主義的（宣言の付則によれば）ボナパルティスムの介入によって緩和された。一八一五年以後、人びとはきわめて多様な願望を支持するためにボナパルティスムを利用した。たとえば元高官たちは自由主義者に与《くみ》するためにも保守主義者と手を握るためにもボナパルティスムを引き合いに出した。半給士官たちの不安、敗北拒否、反カトリシスム、革命的既得権の王政復古による没収の不安等々を中心として、素朴で大衆的なボナパルティスムが生まれた。

ナポレオン的イメージの回復は、根本的には自由主義者の所産である。シャルル十世の体制に対抗するために、自由主義者は帝国の遺産に足がかりを求め（とくに『セント＝ヘレナ島の覚書き』にあるセント＝ヘレナ島以後のヴィジョン）、ボナパルティストを取り込んだ。ルイ＝フィリップが権力の座に就いたことは、帝政時代の名士や元帥たちとブルジョワ的王政のあいだを結ぶ道を開いた。この時以降、残っているのはナポレオン伝説とその画像、そして七月王政によって回復された栄光と郷愁の断片的作品だけとなった。ストラスブールとブーローニュの両事件は辛うじてボナパルティスムを休眠状態から引きだし、どうにか体制「左派」に位置づけることに成功した。アムに押し込められて暮らすあいだ、ルイ＝ナポレオンはこうした思想的配置を次第に理解し、教義を若返らせ、ボナパルト党の礎石を投じていった。

II　アムの大学

「私はアム大学の教育課程を修了した」、ナポレオン三世は口癖のようにこう言っていた。ピカルディ地方の中心にいて彼は、研究、瞑想、記述、書信の交換などで囚われの数年間を費やした。また政府の許しを得てアムにやってきた友人、実業家、元同志など多くの訪問客とも言葉を交わした。といってそうしたことで、何日も何週間も何年も完全に塞がっていたわけではない。投獄されるや、ルイ＝ナポレオンは拘留が永久的なものではなく、自分の政治的役割はまだまだ終わってないと確信した。暇つぶしと将来の準備をかねて、彼は手元にある本を乱読し、最も有名な著作となった『貧困の絶滅』の執筆を開始した。こうして三十三歳の陰謀家にとって、アムの要塞は「大学」となり、彼は必然的に賢くなったのである。

1　読書

経済や社会の勉強は、幼くして手ほどきを受け、産業革命期のイギリス旅行で補われたが、ルイ＝ナポレオンはさらにアムでそれをつづけた。彼はおびただしい数の雑誌を予約し、ロバート・オーウェン、ルイ・ブランといった社会主義者の著作を読み、さらにスミスやセイのような自由主義者も再検討した。こうした読書から、国家は経済問題に無関心であってはならないが、といって民間の自主性に取って代わるようなことがあってはならないという確信が生まれた。彼は自然のメカニズムによる市場調整に関して疑問を抱き、社会問題を掘り下げて研究した。というのもこの問題が、工業化の途上にある国の未来とその発展を反映する本質的局面だと考えたからである。

経済的関心に動かされて彼はペンを執り、思想をまとめてできるかぎり多くの人びとに考えてもらおうとした。『イギリス史断章』数編ののち、最初のエッセイ『砂糖問題に関する分析』が書かれた（一八四二年）。さらに『ニカラグア運河、すなわち太平洋と大西洋の連絡手段』に関する研究によって、彼のアム大学の課程は修了した（一八四六年）。その間、彼のボナパルティスムに「社会主義的」のお墨付きをあたえることとなる最も有名な作品『貧困の絶滅』を世に公表した（一八四四年）。

2 『貧困の絶滅』

ルイ＝ナポレオンは、囚われの身となって初めて民衆の悲惨な状況に関心を抱くようになったわけではない。すでに一八三二年『政治的夢想』と題する冊子において、労働者が恐るべき条件のもとで暮らしていることに憤慨していた。『ナポレオン的観念』もこの問題を提起しているが、それをボナパルト的教義の根本に据えているわけではない。『貧困の絶滅』によってルイ＝ナポレオンは、さらに一枚社会主義的なカードを切った。彼はまず、本文よりもタイトルの選択で人心を驚かせた。本の内容について言えば、彼はボナパルティストの読者をルイ・ブランやサン＝シモンに接近させた。資本主義を見直そうというほどではないとしても、若干の冴えた言いまわしで、自分がいかに労働者の世界のために真剣に戦おうとしているかを理解させることに成功した。一八四四年から四八年にかけてこの本は六版を重ねたばかりでなく、その最良の部分の引用が無料で彼の信奉者のあいだに流され、一般大衆が皇子を理解するだけでなく、評価するのにも役立った。未来の皇帝が「社会主義」的感情を抱いたことが疑いのない現実だとしても、また一八四四年当時、国家の首長を選ぶのは普通選挙によるべきであることを誰も疑わなかったことが確かだとしても、ルイ＝ナポレオンの計算がきわめて巧妙だったことは認めなければならない。むろん彼はブルジョワに不安をあたえた。しかし、彼はその名のもとに労働者と農民を結集させた。そしてそれは一八四八年の大統領選挙では決定的に重要なことであった。

『貧困の絶滅』は、ターゲットである労働者、農民、軍隊の心をとらえた。いくつかの表現が著者の手法を要約する。たとえば「産業はその子孫を食い尽くし、子孫の死によってしか生きられない」、あるいは「労働者階級はなにものももたない。彼らを所有者としなければならない」、あるいはまた「今や身分制度による支配は終わった。われわれは大衆とともに統治する以外に道はない」、そしてさいごに「あらゆる体制を動かす支点を見いださなければならないにせよ、それは国家の予算のなかでだ。予算は労働者の安心を目標としなければならない」といった表現である。これらの表現は呪文のように繰り返され、皇子の信奉者によって口コミで伝えられ、語りかけられた人から人へと広がっていった。これに反してこの仮綴じ本全部を読んだ労働者は、きわめて少なかった。彼らはそこに、失業者を雇用するために、軍隊式に組織化して農業共同体をつくるという発案を認めたかもしれない（マルクスやプルードンと同じようにルイ＝ナポレオンもまた「大衆」を組織的に編成しなければならないと考えていた）。あるいは皇子が私有財産を問題視することを拒否していること（ルイ＝ナポレオンは社会主義者ではない）ことや、首長の優先性を再確認し国家的改革を行なおうとしていることに気づいたかもしれない（それこそは「ナポレオン的観念」が何一つ捨てられていないことを示している）。労働者にとって、文句を言う筋合いがあるだろうか？　これ以上進歩的な思想をもっているのは、一部の共和主義者や自由主義者だけだ。のみならずルイ＝ナポレオンが普通選挙に明確に賛成していることは、政権から排除されていると感じている人びとにとって悪い気はしない。

『貧困の絶滅』によってボナパルティスムの本質が変わったわけではなく、それは近代化され、いくぶん「社会主義化」したにすぎない。活性化され「装いを一新された」（ブリューシュ）としても、教義本体（権威、命令、普通選挙、妥協）は依然同じである。ただ皇子はそれだけでは、エリート層を説得するのに充分でないことを知っていた。つまり国民にできるかぎりじかに話しかけなければならない。産業化のなかで世界は変わった。ボナパルトの世継ぎはそのことを理解し、利用する知性があった。彼はボナパルティスムの改革者としての仕事を拡大し、現実的なプロパガンダの方法をつくりつつあった。

3　ボナパルティストのプロパガンダ

第一帝政に関する『辞典』の「ナポレオン」の項において、ジャン・テュラールは偉人ナポレオンの才能にある特徴の一つは、彼がプロパガンダ（今日流に言えば「コミュニケーション」）のもつ大きな役割を理解していたことだと指摘する。確かに彼は新聞を利用し、一度聞いたら忘れられないような声明を表わし、灰色のレインコートと小さな帽子をベースにしたシルエットと人物像をつくりだすコツを心得ていた。甥もこの面でおくれをとってはいない。アムの要塞に閉じこめられながら、彼は時が来ればボナパルティスムが最初の党結成にいたるよう、前代未聞のプロパガンダに着手し、それを進めることに成功した。

『貧困の絶滅』というタイトルの選択は、以後の選挙へのアプローチにおおいに役立った。同様にそれは、ナポレオン伝説の普及と彼自身の行動の一部をうまく繫いでくれた。新聞（『パ＝ド＝カレーの進歩』、『ル・ゲテゥール・ド・サン＝カンタン』[1]）に送られた記事のなかでアムの虜囚は、自分の劇的な運命と政治綱領を巧妙に混ぜ合わせた。彼はルイ＝フィリップの暴政と闘ったがゆえに、囚われの身となり、書くことを妨げられ（！）政治的自由を奪われたと述べる。さらにこの機を利用して彼は、フランス国民のための計画を評価させようとした。若き皇子の全集の刊行は、新聞記者トランブレールの働きかけで一八四五年から始まった。この記者はすでに一八四二年『帝国レヴュー』紙を創刊し、歴史研究の名にかくれて、次第にボナパルティスト的宣伝に向かって舵を切っていた。ルイ＝フィリップ政府はナポレオン派の運動を取り込むため最初はすべてを見逃していたが、アムとセント＝ヘレナ島の並行的な動きがこの雑誌において発展しはじめたときから、一部の新聞の検閲に踏みきった。現場にいるルイ＝ナポレオン派の人びとは、講話、作品要約集や叔父の事業と甥の（将来行なうべき）事業とを混ぜ合わせて描いた版画絵の普及を盛んに行なった。

（1）パリで発行される主要紙に載せるのは危険なため、これら二つの地方紙に頭文字で署名をして発行した〔訳註〕。

Ⅲ　帰還

知的にかつ政治的に活動していたにもかかわらず、ルイ＝ナポレオンは時折絶望感に襲われることがあった。往復書簡がそれを明らかにしている。彼は書いている。

「私のなかには二人の人間がいる。すなわち一人は政治的人間、もう一人は私的人間である。政治的人間はつねに不動であるのに対し、私的人間はきわめて惨めな存在である。」

信奉者は何度となく彼の釈放許可を得ようと骨を折り、所管省に対して誓願や書状で訴えた。だが国王政府は聞く耳をもたなかった。若干の文筆の成功にもかかわらず、皇子が一八四〇年代の困難な政治的世界においてもはや人びとの直接的な関心の的とならないことで、政府は満足しきっていた。

一八四五年、元オランダ王ルイのほうが表舞台に出る。死期が近づいたのを知った彼は、枕頭に息子ルイ＝ナポレオンを呼び寄せたいと、ルイ＝フィリップに懇願した。ルイ＝ナポレオンは子としての義務を果たしたら牢獄に帰ると穏やかに約束したが、政府は帰還の特典を与えることを拒否した。結局それが脱出に格好の口実となってしまった。

1　脱出

一八四六年五月二十五日ルイ＝ナポレオンはみずから注文した部屋の改造工事を利用して、脱出しようとした。要塞内で働く労働者の姿に身をやつし、髭を剃り、足に木靴、頭にハンチング帽、肩に顔を隠すための板を担いだ格好で、看守の注意を引くこともなく中庭を横切る。外に出ると仲間が彼を待ちかまえていた。作戦は周到に準備されていたので、予想通り展開した。日が落ちる頃、皇子はベルギーに逃れ、そこからロンドンにたどり着いた。

脱走が発表されたとき、フランス側の驚きは大きかった。ルイ＝ナポレオンは看守たちばかりでなく、政府を出し抜いたのだ。父親の枕元に行かせなかった政府は憎まれ役を演じてしまい、政治犯の脱走にはつきものの非難と嘲笑を浴びることとなった。

ヨーロッパの国々も驚かされ、フランスからなされるであろう外交的抗議を考慮することとなった(1)。フィレンツェの父のもとに行こうとする皇子の旅券は、すべて拒否された。ルイは一八四六年九月二十五日、一五年来会ってない息子に全財産を遺贈した。ジョゼフがすでに亡くなり、ジェロームは帝位にまったく権利をもっていないので、さすがに今度は帝国憲法の文言を尊重することができた。ルイ＝ナポレオンはボナパルトの第一位継承者となった。

（1）フィレンツェのみならず、ロシア、ウィーンが彼に旅券をあたえることを拒否したが、それはたんにフランスからの外交的抗議を考慮したからだけではなく、帝政の復活を心配したからだと考えられる。参考文献（訳者による）【21】一六〇頁〔訳註〕。

ロンドンに逃亡した彼はブルジョワとして身を落ち着けた。父から相続した遺産とオルタンスが残した年金があったにもかかわらず、彼の懐はたちまち苦しくなった。派手な生活が収入を越えたからである。そうしたとき若くて裕福な女性と巡り会う。ミス・ハワードは情の濃い愛人であった。さしあたり彼は、かつてイギリスの首都で体験した生活をつづけた。たとえフランス大使がその権限の範囲で手を尽くしても、それを阻止することはできなかった。

2　ルイ＝フィリップの失墜と戦術転換

一八四八年二月、最も突発的な革命が、一八年間つづいたルイ＝フィリップの治世をわずか七二時間で終焉させた。一八三〇年に起こった革命と違って、ボナパルティストの叫声やスローガンは聞かれず、民衆の感情は共和国の宣言や臨時政権の確立へと流れていった。

二月二十七日になるとルイ＝ナポレオンは、さっそくフランスに帰ろうと決意した。彼はパリでペルシニー（すでに釈放されていた）に会った。ラマルティーヌは政府の名において、彼にまだ首都から離れていたほうがよいと伝えた。従順にして機敏なルイ＝ナポレオンは、ロンドンに引き返した。というのもペルシニーの意見とは逆に、彼は権力の奪取を可能な限り合法的に行なう道を選んでいたからである。さしあたりパリにとどまって得るところは何もない。そこでクーデタの準備をしても、成功の確率はほとんどなかったであろう。それよりもまともなボナパルティストの党を結成し、共和国の崩壊と奇跡の人を求める声を待つか、あるいは皇子と綱領をいっそう宣伝し、選挙に賭けてみるほうが賢明だった。ルイ＝ナポレオンがこの戦術を採用した時点では、これは危険の多い転換であった。しかし、こんにちのわれわれから見るとそれは正しい選択であり、彼をエリゼ宮へと導く道であった。

第四章　フランス初代大統領

陰謀と追放の二五年間に鍛えられたルイ＝ナポレオンは、優れた戦略家であった。彼は二月革命が失敗に終わらないかぎり、自分の時代はまだ来ていないことを理解していた。無類の荒武者ペルシニーの意見とは逆に、彼は機会を待ち、策略を巡らそうと決心していた。その後の成り行きは、彼が正しかったことを証明している。普通選挙（臨時政府誕生後数日にして復活した）の勝利者となった彼は、すべての競争相手をうち負かし、四十歳にして直接普通選挙で選ばれたフランス最初の（そして最年少の）大統領となる。

Ⅰ　普通選挙の勝利

二月革命の参加者たちはまじめな共和主義者で、いかなる個人の権利も奪うことなく自分たちの主義を通したいと望んでいた。ルイ＝ナポレオンはこの点を利用した。のみならず彼は、一見なにげなく共和主義者としての役割を演じ、大統領選挙のときまで、実に巧みにその目的と意図を隠しつづけたのであった。

1　憲法制定議会

一八四八年四月。選挙人は憲法制定議会の選挙を行なうために召集された。ルイ＝ナポレオン派はおくれをとって、審議会に多数派として入る機会を逸した。一方、皇子はみずからは立候補せず、亡命法が廃棄され絶好の日が来るのを待とうと決めていた。ペルシニーとヴォドレーは落選した。リュシアン・ミュラ（ロト県）、元ウェストファリア王の息子ナポレオン＝ジェローム（コルシカ県）、リュシアンの息子ピエール・ボナパルト（コルシカ県）は、いとこと協力しあうことなく当選し、議席を占めることとなった（亡命法があるにもかかわらず）。六月四日、同様の選挙が行なわれ、ルイ＝ナポレオンはキャンペーンもしなければ選挙民の前に現われることもなく四つの県で当選した（ヨンヌ、セーヌ、コルシカ、シャラント＝アンフェリユールの四県）。さすがに共和派は不安を感じ、憲法制定議会からは不満の声があがった。この新参者の当選は無効だ……。いちはやく皇子は、代表権を放棄すると公言した。

一週間後いわゆる「六月暴動」が起こった。それまでなんとか仕事を提供していた国立作業場[1]が近々閉鎖されると聞いた失業中の労働者が、叛乱を起こしたのだ。カヴェニャック将軍は暴動を血の海に沈め、少なくともパリでは、共和国をその支え手である大衆と労働者から断ち切ってしまった。ここで歴史はルイ＝ナポレオン・ボナパルトと再会する。待った甲斐があった。彼の読み筋通り、事は進んだのだ。今は天下晴れて彼は、フランスに帰ることができる。

（1）国立作業場は、二月革命の臨時政府に参画した社会主義者ルイ・ブランとパリの共和派の尽力によって設立された〔訳註〕。

とはいえ、熱気が鎮まっていく数週間、彼は自分の意図に対する不安を払拭し、九月の部分選挙で公式に立候補できるまで待ちつづけた。その月の十七、八日、彼は五つの県（セーヌ、モーゼル、シャラント＝アンフェリユール、コルシカ、ヨンヌ）で当選した。九月二十五日、セーヌ県議員となる道を選んだ彼は、議会に登院するやただちに「共和国は、私と私の仲間の市民に祖国へ帰還する幸せをあたえてくれました（追放令の効力は一時停止していた）。なにとぞ共和国が私の感謝と献身の誓いをお受けくださることを希望します」と述べた。これについてヴィクトル・ユゴーは、「帰ってきたのは皇子ではなく、ひとつの〔ナポレオンという〕観念だ……。国民が代表と呼んだのは、ブーローニュの乱の継承者ではない。それはイエナの勝者であり、彼はアウステルリッツの時から立候補していたのだ」と書いていた。その彼が『小ナポレオン』を書くことになるとは、とうてい予想できなかった。

2 党と選挙

一八四八年に生まれたボナパルト党の組織の中心では、ペルシニーが盛んに活躍していた。今度の場合、彼は大勢の人物に補佐され、そのなかにはトランブレーヌ、レティ、モントロンらのほかエドガール・ネー（有名なネー元帥の息子）や、さらに元王ジェロームはおろかその息子で「山岳派」のナポレオンまでがいた。ポスターが印刷された。各地に地方委員会が設けられ、資力があたえられた。皇子の旗のもとに人を集めるべく、あらゆる大衆を狙ったボナパルト派の新聞もつくられた。たとえば保守主義者には『灰色のコート』紙や『ラ・コンスティテュシオン』紙で、社会主義者には『労働組織』紙で、共和派の人びとには『共和派ナポレオン』紙で、また伝説好きな人たちには『ル・プティ・カポラル』紙でそれぞれ訴えた。

皇子の選挙を研究してみると、確かにこうしたキャンペーンでボナパルティスムがしっかりと根を張ったことがわかる。一八四八年に行なわれた何度かの投票も、都市部では労働者が彼に信頼を寄せ、期待がもてることを示している。もちろん皇子に投票した人びとがみな、彼がどういう人物かを正確に知っていたと言うことはできない。とはいえ、ナポレオン伝説が作用したとしても、彼らが伝説だけのために投票したと考えるのは、行き過ぎであろう。名士たちについて言えば、彼らがボナパルティスムに接近したことは（彼らはそれを保守主義と同一化していた）新たな現象であった。

II　十二月十日の男

一八四八年十一月四日、新たな憲法が発布された。長い議論の果て、さまざまなときに矛盾した思いつきから生まれたこの憲法の条文は、妥協の産物であった。憲法によってつくられる制度は、六月に揺れ動いた秩序を守れるのは強固な組織だけだという考えにもとづいていた。その一方で憲法は、あらゆる正当性は普通選挙から出発しなければならないと明言していた。その結果、一院制の立法府（国民議会）と一頭二体制の執行府（共和国大統領）といういずれも国民によって選ばれた二つの機関のあいだで、厳密な権力の分割が生まれた。

十月末、この憲法の採択を待たずにルイ゠ナポレオンは大統領職に立候補することを明らかにした。

1　馬鹿扱いしたティエール

大統領の指名方式を選択するべき段階になって、立憲議会では激しい変化が起こった。ブルボン家の者かオルレアン家出身者か、とくにボナパルト家出身者が選出された場合の危機を誰もが意識していた。なかには議会に登院したルイ＝ナポレオンを直接非難する議員さえいた。かつてこの皇子は、ストラスブールやブーローニュの事変で、その野望を明らかにしなかったろうか？　いったん選ばれてしまえば、彼が生まれたての共和国をひっくり返さないと誰が保障できたろうか？

立憲派（そのなかで最も有名なのは、ジュール・グレヴィだ）は、過去にフランスを統治した古い家柄の者は大統領選に出てはならない、つまり国家の首長の指名を国民に〔普通選挙に〕ではなく国民議会に託すという修正案を提出した。ラマルティーヌ（彼自身野心がないわけではなかった）が、普通選挙による選出への賛成票をさらった。彼は熱烈な演説で、国民の叡知を信頼し、彼らに問題を委ねなければならないといい、「一体いかなる権利で、普通選挙による意見の表明を妨げられると言うのか？……神と国民の声を聞かなければならない！」とぶった。

憲法第四章（第四三項以下）は採択された。すなわち大統領は国民によって一回一名の投票で過半数の票を得た場合に選出される。この結果が得られなかった場合、議会は票数の最も多かった上位五人のなかから指名することができる。最後に四五条は「共和国大統領は任期を四年とし、つぎの四年の間隔を置かなければ再選されない」と定めた。

以上の議論がなされるあいだ、ルイ＝ナポレオンはほとんど口を開かなかった。だが攻撃されると、自分は共和国という形式を愛しているといって抗議した。政敵は彼の態度、口数の少なさを優柔不断の証拠として、そして口調（声が小さく軽いドイツ語訛があった）を無能の表われとして解釈した。彼らはこの「皇位継承者」に脅威はないと断じ、思いきり嘲笑した。ティエールは彼を「馬鹿」扱いし、ラムネーは彼を「ある種の間抜け」と見なし、ブログリは「無能な気ちがい」と判断した。プルードンは「彼が本当に財をなしたかどうか」を疑った。安心したのか、立憲議会はボナパルト一族に対する追放令を廃棄した。外国では皇帝の甥が立候補したという知らせがまともに受け取られず、ロンドンの『モーニング・ヘラルド』はこんな調子の記事を載せた。

「将官としてであろうと、砲術入門の編纂者としてであろうと、スイス国民としてであろうと、ストラスブールとブーローニュの叛乱を画策した陰謀家としてであろうと……彼はつねに変わらず愚か者であった。」

誰もが騙されていたのだ。ルイ＝ナポレオンは確かに訥弁である。だが彼は虎視眈々と権力をねらう猛者である。早まって野心と能力を見せたところで、得るところは何もないのだ。投票を控えた国民は立憲議会の奥で彼が演じる端役の意味などまったくわからない。彼は策を弄する術を心得ており、それを実行した。政敵は気がついたときは、もう臍を噛む以外なかった。選挙前の数週間のあいだ皇子が閣僚の椅子を倍増してあたえると約束したとき、動揺を隠さなかったとしても後の祭りだった。一八四八年十一月末、秩序党の本拠地「ポワティエ通り委員会」(1)は、彼が選ばれたとしても、党の利益を代表する存在としてそれほど悪い人物ではあるまいと思いはじめていた。

（1）一八四八年、パリ七区ポワティエ通りにある医学アカデミーのサロンで、それまで分裂していた正統派とオルレアン派の両王党派の合同会議が開かれた〔訳註〕。

2　ボナパルト的メカニズム

ヴァンドーム広場の司令部で、ルイ＝ナポレオンは戦闘体制づくりに全力を傾注した。彼の戦法は、自分の名前を頼りに国民の票をかっさらうことである。たとえば彼は、「すべての候補者のなかで、ルイ＝ナポレオン・ボナパルトこそは、アルファベットを知らない人びとも含めて全フランス人が知っている名前をもつ人」（F・フュレ[1]）なのだ。同時に名士たちには、「あの力は、秩序、家族、財産を守るために使われるであろう」（ペルシニー）と語りかけた。

（1）フランソワ・フュレ、一九二七～一九九七年、歴史家。フランス革命に関する著作多数〔訳註〕。

選挙戦を進めるうえで、彼はたくさんの中継点を利用した。いくつかの県にはまとまって組織化された「ナポレオン委員会」がすでに存在していた。それがない場合はパリから使者が送られ、諸々の活動を精査し、集約し、連携させようとした。確かに新規加入者は、二流の名士たちばかりだった。だがボナパルティストの組織は戦闘的なプロパガンディストの供給源である大衆に基礎をおいていた。したがってフランス各地で、実にごたまぜのあらゆるルイ＝ナポレオン支持者を集めた委員会が結成されることとなった。つまり自由主義者、オルレアン派、ボナパルト派、秩序愛好派、ナポレオン伝説派、さらに社会主義者や共和主義者がこれに加わった。ときには同じ都市で、複数の委員会が競合しあった。時流に乗ったボナパルティスムは、それほどに広い層の人びとを集めたのである。いずれにせよルイ＝ナポレオンの支持者たちは、中央の水準で考えられた宣伝に平民的な言葉と支援の声を添えて流した。そして集会、宴会、掲示を盛んに行なった。皇子は大衆はもとより、組織された政治機構の重要性も理解していった。さらにボナパルトの名が、機械的な効果を発揮して最後を仕上げた。

3 選挙の勝利

ルイ＝ナポレオンは「第一次投票」で、国民によって選出されなければならないことを承知していた。なぜならば再選になれば、共和派に牛耳られ、総選挙まで国民議会を代行するはずの立憲議会で選ばれる可能性はまったくなかった。立候補者が多く、しかも彼の敵対者としてなんらかの肩書きをもっている人物が多いだけに、選挙活動には熱が入った。だが一八四八年十二月十日、皇帝の甥は大幅に票を獲得し、普通選挙で選ばれた初代フランス共和国大統領となった。彼は投票総数の七五パーセント、すなわち投票者数七七〇万人のうち五四〇万人の票を獲得した。「これは選挙ではなく、歓迎の嵐だ」と、『プレス』紙にエミール・ド・ジラルダンは書いた。勝者となった彼は「六月の射撃手」と呼ばれた最も危険な敵カヴェニャック将軍（一四〇万票）を断然引き離した。さらにその後にルドリュ＝ロラン（三七万票）が辛うじて共和派の面目を保ったが、ラスパイユ（三万六〇〇〇票）、ラマルティーヌ（一万八〇〇〇票）はとうていそれにも及ばなかった。人びとは東西南北、町でも村でも「ナポレオン」に投票した。彼はその頭上に「熱狂、復讐、諦観を集めることに成功し」（J・テュデスク）ていた。

十二月二十日、ルイ＝ナポレオンは宣誓を行なうため立憲議会に登院した。多数派の共和党はこの宣誓式を挙行し、新大統領に憲法を順守させる意図を示そうとした。議長は彼を「市民」という敬称でしか呼ばなかった。「共和国万歳！」の叫び声とともに、宣誓と短い演説が終わった。カヴェニャックが、乞われて彼と握手をした。例によってルイ＝ナポレオンは冷静に対処し、いかなる挑発にも応じなかった。夕刻エリゼ宮に落ち着いた彼は、数人の友人を晩餐に招いた。会食者のなかには、ペルシニー、ヴォドレー、レティがいて、ナポレオンの甥が権力を奪取するのに活躍した人びとを象徴していた。

第五章　帝国の復活

第二共和制は一八五一年十二月二日のクーデタによって終わる。その終焉の芽は憲法にあったとしばしば言われるが、これはゆえないことではない。だからといってルイ＝ナポレオンが就任当初から共和制を終わらせ、帝国を再建しようと決めていたというわけではない。そうした考えが現実化したのは、任期初年の終わる頃、つまりプランス＝プレジダン（皇子＝大統領の意で、この呼び名はこの頃から一般化した）が立法府と衝突してなんら支障がないことを知ってからのことだ。つまり憲法は二つの強力な権力を併置しただけで、両者のあいだの調整機能を予定していなかったのである。

I　一八四八年憲法の施行

一八四九年五月十三日国民議会の選挙が実施された。大統領はこの選挙によって自己の権力を固められなかった。それどころか投票率（四〇パーセント）がきわめて低く、それも部分的にせよ、ボナパルティストの低迷を物語っていた。それも大統領選から半年後のことである。ルイ＝ナポレオンはこの間を利用して、自派を固めることも、旧勢力をのぞくこともできなかったのだ。たとえば十二月十日、一時的にボナパルティストとなった人びとは、もとの党派に戻ってしまった。右翼はあやふやな「秩序党」に包み込まれて溶解した。議員七五〇名のうち四五〇名は王党派（といっても正統王朝派とオルレアン派に分かれる）、一八〇名は民主＝社会主義派（ルドリュ＝ロランを中心とするこの派は「山岳派」と自称していた）、七〇名は穏健共和派（選挙でどの県でも選ばれなかったラマルティーヌの一派）である。したがって大統領は一握りの議員しか頼みとすることはできなかった。

この瞬間から共和制の未来は不安定だと考えられたかもしれない。確かに秩序党は、王家の再興に関して不一致であった。だが彼らはルイ＝ナポレオンを埒外におき、来たるべき一八五二年の選挙でお返しをする準備ができた。一八四六年の立憲議会はこうした状況から来る結果を抑えることを、予定しなかった。大統領は議会を解散することができない。議会は大統領が任期を全うすることを阻止できない。大統領の指名に基づく政府は、「責任を負う」とされるが、この条文は誰に責任を負うか明らかにしていない。共和国は一八四八年のラマルティーヌが言うように選良の叡知に、つまり普通選挙という「自然の」[1]バランスに依存しなければならない。そんな楽観主義に限界があることは、立憲派の素人でさえわかることだ。アドリアン・ダンセットは「奇妙な共和国だ。大統領が皇位継承者権者で、王党派の議員がいる。この共和国の矛盾した存在を二年間長引かせるのは、もはや君主の不在ぐらいしかなかったであろう」言いきっている（『第二共和制と第二帝政』ファヤール、一九四二年、参考文献【11】六三頁）。

(1) 一八四八年十月六日の国民議会において、アルフォンス・ド・ラマルティーヌは、大統領独裁の可能性を危惧する共和派グレヴィの演説に対して、つぎのような演説で対抗した。「今この時代にブリュメール十八日の事態にいたるためには、二つの条件がなければならない、まずその先に長い恐怖政治の歳月がつづくということを考えなければならない。さらにそこにいたるまでにマレンゴをはじめとする数々の勝利がなければならない。……人はコップ一杯の水に毒を含ませることはできる。しかし大河を毒することはできない。議会は『わが国民は腐敗しえない大海である』と言いましょう」。参考文献（訳者による）【20】一八一頁〔訳註〕。

選挙後のルイ＝ナポレオンは立憲議会に逆モーションをかけ、内閣にオディロン・バロを呼んだ。両者は協力して、あまりにも共和主義的な立憲議会を後退させ、条文にもとづいた国民議会をもとの軌道に乗せることに成功した。五月の選挙以降バロは維持されたが、秩序党はとくに大統領に感謝はしなかった。元イタリア独立運動の闘士だった大統領から、ローマの危機管理を任せられても、秩序党は彼の柔軟性を考慮しなかった。永遠の都ローマでは、叛乱が起こってピウス九世を追放し、共和国をつくった。国民議会はローマ解放部隊の派遣を要請し、許可を得た。ルイ＝ナポレオンはかつての信念を曲げてこれを傍観したばかりでなく、秩序党に協力さえしたのだ。「共和国大統領は『操られる』だろう」という、ティエールの予言が的中した。

右翼はこの機を利用して内政のイニシアティヴを執ろうとし、大統領もまたそこから山岳派の除去という拾いものをした。ローマ共和国支援のため叛乱を呼びかけたルドリュ・ロランとその一派三〇名は議会から追放され、イギリスに亡命せざるをえなくなった。左翼に対する不安がなくなると、今度は秩序党と大統領との対決が再燃していく。

最初の規則違反は、一八四九年十月に起こった。教書のなかでルイ＝ナポレオンは、今後議会多数派とは無関係に大臣を自分が選任していく意向を明らかにした。彼はまずバロ内閣を総辞職させ、代わって首相不在の「十月三十一日内閣」をつくった。そこにはルーシェ（法務）、大統領側近の銀行家フール（財務）、オープル（戦争）などの名が見られる。こうした動きの背後には、大統領とは異父弟のモルニーの影がちらつく。モルニーは一八四八年、初めてルイ＝ナポレオンと会い、最側近の一人となった。教書のなかで大統領は無秩序の脅威をあげて決定を正当化した。「フランスは十二月十日に選ばれた者の意志と手を求めている」とか「ナポレオンの名は、それだけで一つの綱領だ」といった耳触りの良い言葉をきき、同時代人たちはクーデタが近づいていると囁くようになっていった。

Ⅱ　実力行使

クーデタ以前のルイ＝ナポレオンの戦略は、国民議会に一定の攻撃をかけては一休みするというパターンに決まっていて、オディロン・バロ辞職の場合もそうであった。彼は何事もなかったように秩序党の受け入れやすい政策をすすめ、最も保守的な党派とさえ連携することをボナパルティストに認めた。と同時に彼は執行権の槓桿を握った。行政機関の粛清は大臣、知事、大使に及んだ。だが軍隊における変化はもっぱら限定的で、たとえばパリ駐屯隊の指揮官（いざというときにはきわめて重要な立場だ）は、クーデタのさい大統領候補だったシャンガルニエ将軍の配下にあり、攻撃はしなかった。

国民議会はいらだったが、大統領のやり方を手をこまねいて見ている以外ない。窮地に立たされながら秩序党は、部分選挙で共和派が復活するのを怖れた。となれば最初の策謀は、右翼の側について行なわなければならない。ティエールをはじめとする秩序党指導者たちは、ボナパルト派と「赤〔左派〕の脅威」を一掃するために、シャンガルニエを利用しようと考えた。しかしこれはシャンガルニエがためらったため、何一つ実行されずに終わった。立憲派の戦いは新たな展開を見た。

[1]がむしゃらに秩序を求めていくなかで国民議会は、二つの大きな過ちを犯した。第一の過ちは、ファルー法の採択で、穏健共和派を切り捨ててしまったことだ。それ以上に重大な第二の過ちは、一八五一

年五月三十一日付選挙法の採択である。この改革は普通選挙の枠組みをかえるもので、これによって選挙人は、同一市町村に三年以上居住することが義務づけられた。こうして職人や建築労働者（大規模工事が行なわれたこの時代には、仕事場から仕事場への移動が激しい）、鉄道建設に携わる肉体労働者や季節労働者といった人びとの投票権が除かれた。全選挙権者九〇〇万人のうち三〇〇万人がこれに該当した。

（1）歴史家で政治家、アルフレッド・ド・ファルー（一八一一～一八八六年）の提案した法律。これにより、小中学校の教師は、修道院長発行の教員免状さえもてば、教師となれるようになった。フランスの公教育がカトリシスムから解放されるのは二十世紀に入ってからである〔訳註〕。

選挙法の場合と同様、ファルー法についても、ルイ＝ナポレオンは議論に介入せず、秩序党には、自分が支持していると思わせていた。内心はほくそ笑んでいたに違いない。なぜならばこれらの改革を拒否しないと相手が思っていられるあいだは、彼は議会に対して有効な武器をもつことになったのだから。そこで彼は、シャンガルニエ将軍の更迭をもって、攻撃の第二段階に入った。秩序党は抗議し、浪費家でいつも金に困っている大統領の歳費を補充することを拒否した。ルイ＝ナポレオンは内閣の組み替えに同意しながら（彼は政治家の替わりに、自分に忠実な技術家をおいた）、持ち馬を売ったり、エリゼ宮のレセプション（贅沢な）をやめざるをえなくなったことを知らせた。

一八五一年にはいるとルイ＝ナポレオンは、一連の攻撃で国民議会を押さえ込んだ。今や彼は、一八四八年十二月に更新不可能とされた四年の任期をすぎても、なお権力を保持しようとしていた。側近たち（モルニーやペルシニー）はクーデタを起こして帝政宣言をするという方向に傾いていた。皇子自身は二期の続投を要請して立法府からその許可を得たほうがよいと考えていた。国民議会のほうは、そんな許可を与えるつもりはさらさらなかった。憲法見直しの誓願は一〇〇万以上の署名を集めた。ボナパルト派の新聞が立法府に圧力をかけた。ディジョンを訪問したさい、ルイ＝ナポレオンは威嚇的な演説を行なったあと（いつもの戦法だ）、本題に入った。一八五一年七月十九日、革命よりはボナパルトのほうが良いと考える多くの秩序党議員の票を集めたにもかかわらず、国民議会は見直し法案を採択しなかった。こうなると皇子の視点から見れば、クーデタは避けがたいものとなった。

Ⅲ　一八五一年十二月二、三、四日

一八五一年八月初旬から、ルイ＝ナポレオンの仕掛けた構図が明らかになってくる。ド・サン＝タルノー将軍はクーデタに参加することに同意し、パリに赴任させられる一方、駐屯地の幹部は巧みな人事異動で政治色を一変させていった。何度かの延期ののち、人びとは象徴的な十二月二日を選び、行動開始の日と定めた（ナポレオン一世の戴冠式とアウステルリッツの戦いの日である）。十一月、計画の最後の仕上げが行なわれた。政府の交替によってサン＝タルノーは戦争大臣になり、警視総監にはカルリエに代わって非情なモーパが就き、知事にも異動があった。闇のなかでモルニーとペルシニーが細部の準備を重ね、銀行家フールやケニグヴァーテル、従妹のマチルド、愛妾ミス・ハワードらから財政援助を受けた。選挙法の廃棄が提案されたが、議会側はこれを拒否した。大統領は、自分は赤の脅威に対する秩序の砦だと称しながら、綱領における普通選挙の回復をもってその意図に民衆色を添えた。人民への訴えかけという、保守主義よりはジャコバン主義的理論から受け継がれた理論が、百日天下の国民投票以来四〇年ぶりに再登場した。

一八五一年十二月一日夜、陰謀家たちはエリゼ宮に集まり、無粋にも「ルビコン」と呼ばれる作戦、すなわち議会解散と普通選挙復活の政令、国民への声明と軍隊への行動日程、逮捕、首都における兵士二万の動員等々が次々と始まった。声明のなかでルイ＝ナポレオンは、実力行使によってしか権力を握る道はないと説明した。彼は新制度の実現のため国民投票を行なうと予告し、任期一〇年の国家の首長〔大統領〕とその情報機関となるべき国務院、普通選挙にもとづき法律を採決するべき院〔立法院〕「調停権者」で、かつ憲法の守り手となるべき院〔国務院〕を新制度の内容とした。つまり彼は五〇年前の革命歴八年の制度へ回帰することを、約束したのだ。ここにないのは単頭制の元老院と護民院議会だけだ。

十二月二日は、陰謀家にとって順風満帆の一日だった。国民は無関心で、何事もないかのように自分の仕事に黙々と励んでいた。一部の議員が市民を立ち上がらせようとしたが失敗した。首尾良くパリ第十区の庁舎に集まった二五〇名の議員は逮捕され、兵舎に収容された。日が落ちるとパリは平静になり、クーデタは成功した。

状況が悪くなったのは、翌十二月三日からだ。左翼の議員たちは、一握りの労働者を説得してバリケードを立てさせた。軍隊が出てくる。一人の労働者と議員ボダンが殺された。パリの中心部に、いくつかのバリケードが認められた。内務大臣となったモルニーは（一八四八年のカヴェニャックと同様）、まず叛徒に都市を委ね、彼らが集まるように誘導し、一挙に殲滅しようと決意した。十二月四日朝、六〇ないし七〇のバリケードには約一〇〇〇名強の守り手が残っていた。パリの「大掃除」の開始は、このクーデタの威光を曇らせる汚点を残すことになる。イタリア人大通りでは、若干の散発的な発砲に応酬して、騎兵隊と砲兵隊が無抵抗の群衆に襲いかかり数十名の命を奪った。夕刻五時頃すべてのバリケードが撤去され、翌日、パリは平常の生活を取り戻した。

大通りで起こったこの忌まわしい汚点は、一八五一年以降、クーデタの暗い伝説を育んでいった。確かに正統な憲法は踏みにじられた（といっても、一八三〇年、一八四八年、一八七〇年のときほどではない）。市民は殺されたり、逮捕されたり（およそ二万五〇〇〇名）、カイエンヌ〔仏領ギアナの流刑地〕送りにされたり（二四〇名）、アルジェリアに移送されたり（約一万名）した。しかし、クーデタに反対した人びとが示す途方もない数字を、歴史家は採用しない。たとえばヴィクトル・ユゴーが告発している大量の略式処刑の痕跡は、いくら探しても見あたらない。市民で死んだ者は三八〇名（公式報告）から一二〇〇名（イギリスの新聞）のあいだであり、大部分は大通りでの銃撃戦で犠牲になった人びとである。ジョルジュ・プラダリエは「三〇〇ないし四〇〇名」としている（コレクション・クセジュ『第二帝政』、五頁）[1]。こうした数字の一覧は、同時代に起こった別の民衆蜂起の死者数に照らし合わせると、比較可能か、より少ないかのどちらかである。民衆の感情から生まれた数字であったり、それよりずっと小さかったりするのである。たとえば、ラマルク将軍の葬儀につづいて起こった小競り合い（一八三二年）では約五〇〇名の犠牲者が出たが、一八四八年の六月の二月革命のさいには共和国防衛軍の名において、この数字は約五〇〇〇名と数えられる。ここではむしろクーデタ後数か月つづいた陰謀と、その結果としての文字通りの共和派狩りが断罪されるべきであろう。

（1）アンドレ・アンクルヴェの二〇〇四年版では約三八〇名とされる〔訳註〕。

都市部において若干の蜂起と示威行為ならびに付随的な死者数が生まれたにもかかわらず、地方では概してクーデタは好意的に受け入れられた。そのことは『ル・シエクル』紙の編集者で共和主義者ウジェーヌ・テノの著作を読めば充分納得できる。『一八五一年十二月におけるフランスの地方』に関する彼の研究は（一八六〇年刊行）、クーデタを妨害するすべての行動を検証している。そこでは南西部、南部、中央山岳地帯の限定された地域を除いて、大きな運動は見受けられない。

三二県で数か月にわたる戒厳令が布かれた。クーデタの立て役者モルニーとその取り巻きたちは、一八五一年から五二年にかけての冬中、おそらくルイ＝ナポレオンの知らないままに、容赦ない反共和主義的弾圧をつづけた。当初国民議会の右翼を狙った十二月二日の実力行使は、そのまま左翼に加えられる厳しい懲罰へと発展していった。一方、パリで共和派に打倒された秩序党は、ただちに地方において反撃した。その痕跡は第二帝政全体に見られる。帝政はつねに保守層に最良の支持者を見いだしていた。一八五一年十二月十日、モルニーは各県の知事に回状を送り、彼らの行動を祝福しながらこう結論をくだした。

「諸君が社会の敵どもに対して勝利を収めたとすれば、それは彼らに不意打ちを食らわせ、諸君らは善良なる人びとに支援されたということである。」

株式市場は正直に反応し、株価の高騰でクーデタを讃えた。

Ⅳ　帝国

クーデタのさい社会民主主義的傾向をもった共和主義者だけが、街頭に出て体制を擁護しようとした。秩序党は来たるべき一八五二年の選挙で左翼が勝利するのを恐れて、何人かの例外を除いてルイ＝ナポレオンの勝利は自分たちの勝利でもある、つまりそれは秩序破壊の予防措置と考えた。そこで彼らは皇子の権力奪取に好意的な意見を、極力受け容れさせようと尽力した。教会は名士の世界と経済界を賞賛しつつそれらに復帰した。フランスの国内（本質的に農村部）では、パリに秩序が回復するのは、国全体として悪くはないだろうと考えていた。十二月二日の声明によって、約束された国民投票が成功すべきすべての条件が揃ったわけで、実際それは成功した。十二月二十一日と二十二日、選挙人は態度を明らかにするよう求められた。「国民がルイ＝ナポレオンの権威が維持されることを望み、十二月二日に声明によって明らかにされた基本的原則にもとづく憲法をつくるうえで必要な権力を彼に託す」か否かについて、「ウイ」か「ノン」を言わなければならない。答えは七一四万五〇〇〇票対五九万二〇〇〇票で「ウイ」であった。

国民投票の結果とクーデタに対する弱い反応は、十二月二日の事変が国民によって受け入れられたことを示している。もちろん政府はこの勝利を達成するためにあらゆる手段を駆使した。投票を二日にしたのは、一日目で棄権した人びとを説得するために時間をもうけたからだ。望み通りの承認は得られた。知事や市町村長は、住民に「きちんと」投票するよう呼びかけた。たしかに都市部は地方ほど大差ではなかったし（たとえばパリでは賛成一三万二〇〇〇、反対八万）、ボナパルティスムにつねに反感を持っている西部諸県でも同様の結果であった。しかし結果は歴然としている。「確かにテロルはあったが、それがなかったとしても、人びとは同じように投票しただろう」と、ジョルジュ・サンドは書いている。ルイ＝ナポレオンは「国民投票で十二月二日の禊ぎはすんだ」と堂々と宣言した。彼は「正当から飛び出して」「合法の世界に入」った。とはいえ当時の観察者たちは、この新たなボナパルティスム的挿話が長続きするとは思っていなかった。ギゾーはこの大統領には「知識階級」と「上流社会の人びと」の支持が欠けていると書いた。マルクスは「甥」の到来は「叔父」に仕掛けた歴史の悪いいたずらだと断じた。トクヴィルさえ友人に宛てて、十二月二日の事件は「政権確立」と言うよりは、「終わりのない冒険のようだ」といっている。

誰もが間違っていた。一八五二年末、あらゆる点から見て、プランス＝プレジダンの頭には「帝国」の再建しかないことが明らかとなる。彼は急ピッチで進んだ。

1　新しい憲法

十二月二日の宣言にもとづく新憲法を準備するため、八〇名の委員が指名された。議論が長引くと、ルイ＝ナポレオンは革命暦八年の叔父にならって、二人の腹心ルエールとトロロンにさっさと起草するように命じた。それからさらに数日後の一八五二年一月十四日、作業は終わった。新しい条文は、三月に発効した。

一七八九年の原理を思わせる前文をもつこの憲法は、共和国大統領制を維持しながら、その職を任期一〇年としてルイ＝ナポレオンに託すことを明記している。つまり彼は制度の中心にいて、執行権のすべてと立法権の一部を託されていた。彼はみずから選んだ大臣たちに補佐され、いかなる形でも政治的責任を負うことはない。立法院は普通選挙によって選ばれた任期六年の議員からなり、法律の賛否を投票で決めるが、大統領はむろん大臣に対しても審問する権利をもたない。大統領が責任を負うのは国民に対してだけで、彼は国民投票で国民に責任の有無を問うことができる。他方行政権は無報酬（これによって議員職をエリートや名士に限定できる）の議員からなる議会を招集し、あるいは解散することができる。立法院はまた国務院（大統領によって指名された公務員五〇名）と上院（提督、枢機卿、元帥など終身会員と大統領によって指名された会員あわせて一五〇名）の存在によって管理される。国務院の任務は、立法院に提出されるべき条文を準備し、行政機関に対する調査を行なうことである。上院[1]は（理論的には）法律の合憲性を調整し、上院決議によって憲法を修正し、また植民地の立法院として機能する。「この五〇年来フランスは、執政制と帝政の行政、軍事、司法、宗教、財政の各組織によってしか進歩しなかった以上、われわれもまたあの時代の制度を採用しない理由がどこにあるだろうか?」と言っていたルイ=ナポレオンの宣言に嘘はなかった。人びとは革命暦八年の憲法に逆戻りしたのだ。

(1) 本書では、Senatを帝政時代は元老院、それ以外の時代は上院と訳すこととする。Senatus-consulteもこれに準じて元老院決議、上院決議とする〔訳註〕。

2 世論の規制

国民投票によって生まれた共和国は、一〇年存続できなかった。短い歩みの果てに、帝国に突き当たったからである。ルイ=ナポレオンの決意は固かったが、彼は最も忠実な支持者が望むよりも、ずっとゆっくり進もうとしていた(ペルシニーは「いやだと言っても、彼を皇帝にさせる」と公言していた)。まず世論を調整しなければならない。彼はそのために二種類の活動を行なった。

その一つは敵対組織の口を封じることである。経済面ばかりでなく内容面からも出版を規制する措置とならんで、段階的な警告によって刊行物の一時的な停止から全面的発禁処分を課す体制が発表された。立法院の選挙のさい、行政機構は「公式の候補者」のために活用されたが、これによって真剣な反対意見は封じられ、体制側の成功が確定した。ボナパルティスト三分の一、オルレアン派二分の一、残りの議席は新人(実業家、初めて政界入りした名士)、元反七月王政の穏健派などが分け合った。

第二の活動は各地方を旅行して、国全体の動向を探ることである。ブールジュ、ヌヴェール、ロアンヌ、リヨン、アヴィニョン、マルセーユ、ボルドー、アングレーム、ロシュフォール、ラ・ロシェル、トゥール、アンボワーズ等々は、彼を熱狂的な歓迎で迎えた。公的介入があると、彼は必ず下役を先に進ませ、例によって決して自分は急がなかった。一八五二年十月九日、ついに彼はボルドーで有名な演説を行なった。

「フランスは帝国に戻りたがっているように思えます。……一部の人びとがいだく不安には、私は答えなければなりません。彼らは挑戦的な意図をもって言います、『帝国、すなわちそれは戦争ではないか』と。私はこう言いましょう、『帝国とは、平和だ』と。……われわれには開墾すべき広大な領土があります。穿つべき港があります、延長しなければならない鉄道があります……。」

この旅から帰ったとき、パリと諸政府機関はルイ＝ナポレオンに皇帝なみの歓迎を用意していた。一八五二年十一月七日、上院は八六票対一票（ルイ＝ナポレオンの古い知り合いで、兄の家庭教師を務めた共和主義者ヴィエイヤールの一票）で、帝政復活を決めた上院決議を可決させた。二週間後、ボナパルト的原理と一月十四日憲法に則った国民投票が行なわれ、この決定は賛成七八二万四〇〇〇対反対二五万三〇〇〇票の圧倒的な差で確定された（投票率七五パーセント）。

一八五二年十二月二日、クーデタからちょうど一年後、第二帝政が始まった。

第六章　皇帝

ナポレオン三世は一八年間君臨した。彼の権力にいたるまでの過程は、外的にも内的にもあらゆる領域できわめて激しく豊かであった。特異な政治家でもあるこの皇帝は、歴史家たちの努力や（彼らはアドリアン・ダンセットによって開かれた道筋を辿った）、輝かしい復権の試み（たとえばフィリップ・セガンの『偉大なるルイ＝ナポレオン』）にもかかわらずあまりよく知られていない。実際、第二の皇帝は、彼に関心を抱いた者を助けてくれないのだ。彼は秘密のヴェールに閉ざされ、自分が治めた時代についてもごくわずかしか記録を残していないし、メモワールも書かなかった。そして少なくとも一八六〇年代初頭まで、並はずれた戦略的感覚とプラグマティズムにもとづく政治を彼は実現するのである。

I　ナポレオン三世の肖像

四十歳で大統領となり四十四歳で君主となったこの人物は、テュイルリー宮に落ち着いた。そしてごく自然に宮廷のマナーをそこに再現し、一二〇〇ないし二五〇〇万フランの特別歳費〔帝室費〕を議会に通過させた。皇子として生まれ、高貴な血筋として敬われて育った彼は、そのような環境における生活しか考えることはできなかった。ナポレオン三世という人物は、陰謀家あるいは冒険家としての過去をもってしても消しがたいこうした人格的側面から、まずもってアプローチされなければならない。彼は決して「我らが友、皇帝」とはなり得ず、臣下とのあいだにつねに距離を保ちつづけた。

ナポレオン三世は自分が皇帝であることを、一度として忘れたことはなかった。人びとはしばしば、オルシニ事件(1)直後の数秒間に彼がとった態度を思い起こした。爆発後警官が馬車の扉を開けると、ナポレオン三世は即座に反応し、足場を持ってこなかったと言って警官を注意した。皇族としての任務と地位の優越性を信じきっていた彼のこうした不断の気質は、職務の遂行において一般人とのあいだに彼がたてる障壁や、統治行為の外見にあたえられる華やかさ（軍隊の行進やコンピエーニュの宮殿からの外出など）に一脈通じる。こうした行動は政治上やむなく「市民王」となったルイ＝フィリップにも見られる。ルイ＝フィリップは心の奥では、つねにオルレアン家出身者であり、最も裕福で、作法と格式を備えた貴公子でありつづけた。

（1）一八五八年一月十四日、イタリア人革命家フェリーチェ・オルシニによって起こされた爆破事件。皇帝の行列に向かって投げられた爆弾は、五六名の重軽傷者を出したが皇帝は無事だった。本書八六、八九頁参照〔訳註〕。

ナポレオン三世は自分の歴史的任務を心得ていた。彼は「人類の歩みの手段となるよう生まれてきた人間」だと自称していた。肉体的に見てこの人物は、当時の写真が示すように決して堂々とした押しだしではない。イギリス人の作家キャサリン・ジョンは、「新しいナポレオンは、とくに風采が驚くほどぱっとしない。国民的英雄とこれほど似ても似つかない人はいないであろう」と書いている。背はかなり低く、下腹部は不格好で、「上半身は、個性的な顔立ちにしては短すぎ」（S・タシェ・ド・パジュリ）、ややドイツ語訛の柔らかい声でしゃべった。目つきや感情を隠すように目を半ば閉じることが多く、指を曲げ、髭をひねったり、次から次とたばこを吸った。乗馬が達者な彼は、たくさんの立派な馬を見せたが、このときの表情だけは文字通り人に強い印象をあたえた。

さほど芳しからぬ風采にもかかわらず、ナポレオン三世は女性を惹き付けた。同時代人は「軽快な優美さと魅力的な憂愁をもった四十代の君子」と描写している。洗練された振る舞い、豊富な話題（ときに珍しい話さえある）「灰色がかった青い、琺瑯《ほうろう》のような」あるいは「霧に包まれたように漠とした」視線は、近づく者（女性も含めて）の注意を引かずにはいなかった。この魅力は終生作用し、多くの女性を征服するうえでも、政治的にも彼の役に立った。というのも彼は、叔父のように逢い引きを「手早く片づけ」たりはせず、少なくとも一八五〇年代の終わりまでは色恋の道に対する素朴な欲求と充分な余裕をもっていたからである。彼にとってミス・ハワードとの別れは、（まもなくウジェニーと結婚しようというときのこと）残念きわまりないことだった。のちにカスティリオーネ伯爵夫人(1)は、イタリアの大義のためにその魅力を存分に駆使した。第一帝政の宮廷とは違って、ナポレオン三世の人生で女性は政治的役割を担い、国家の首長としての彼に影響を及ぼしたのだ。

（1）ラ・カスティリオーネ、一八三七〜一八九九年。カヴールの紹介でナポレオン三世と知り合い、その愛人として一八五六年から五七年にかけて宮廷で活躍。ビスマルク、プロイセン王妃アウグスタ、ティエールら当時の名士と知り合う。晩年容色を失ってパリで不遇のうちに没する。参考文献【3】二一四〜二一五頁〔訳註〕。

若年の陰謀家時代以来、皇帝は戦略・戦術に長けていたうえに、隠蔽と秘密に対する好みをつねにもちつづけた。その意味では彼は「ここぞと思うとき以外、自分をおおっぴらに見せてはいけません」という、母オルタンスの忠告を厳密に守った。彼はきわめて頻繁にそれを実行した。生涯を通じてナポレオン三世は「不意打ちの人」であり、ゆっくりと決定を熟考し、側近に思考の過程を隠し、あれこれ選択し、最後に瞬時にそれをくだすのであった。この行動様式を具体的に説明するには、クーデタに先立つ数か月間の彼の動きや、大臣に自由主義的改革を命じる場合のやり方を思い起こせば充分であろう。彼は大臣たちに計画について何も語らなかった。あるいはまたフランスのイタリア政策において、秘密外交が占めた部分を考えてもよい。会話において彼は感情を表わさず、言葉を惜しんだ（「沈黙する能力がずば抜けている」といったのはプランス・ナポレオン〔ナポレオン＝ジェローム、一八二二〜一八九一年〕であり、ゾラは彼を「スフィンクス」と呼んだ）。冷静さにも恵まれていた（ブーローニュ事件で四二連隊を制圧しようとしたとき、それを妨げようとした兵士に発砲してしまったことを除けば、決して冷静さを失ったことはなかった）。「彼が亡命中に体得したやり方は、どう見てもフランス的ではなかった」と、キャサリン・ジョンは皮肉混じりに言う。中国の軍学書を読んだわけではなかったが、彼は生まれついてその戦法を心得ていた。行動において彼は苛酷になることができた。十二月二日とその後の推移は、たとえ彼がモルニーとモーパから必ずしもすべてを知らされてなかったことが考えられるとしても、それを雄弁に物語る。

とはいえ、勇敢で（戦場で彼は勇気を見せた）頑固なこの男は、つねに確固としたものを避けようとしたかに見える。エミール・オリヴィエに言わせれば、彼は「不決断において頑な」であった。彼は好んで障害を迂回し、公然たる衝突を拒んだ。その治世の末期、抗しがたい病気で苦しみ疲れたとき、ときに抵抗する意志をなくして誤った助言に従うことがあった。

皇帝は善良な性格の持ち主で、侮辱を赦し、友情には誠実であった。よく引用されることだが、大統領時代、アムで作品を読んだバルザックの末期《まつご》に関する情報をほとんど毎日（しかもこっそりと）とり寄せていたという。イタリア戦役で死体や血を見て本当に気持ちが悪くなったとか（ナポレオン一世にはほとんどまったくそういう拒否反応はなかった）、乞食に物乞いされると気前のいいところを見せたというような事例は枚挙にいとまがない。

同時代人はみなナポレオン三世の知的能力が高いことを知っていた。広い教養をもって三か国語を話す彼は、好奇心も旺盛であった（一例として彼はガリア戦記の重要な研究を進め、ユリウス・カエサルについて作品を発表した）。一八四八年彼を馬鹿扱いしたティエールは、大きな誤りを犯したわけだ。ヴィクトル・ユゴーはその作品のなかで哀れな「バダンゲ」（アムの要塞脱出のさい、彼は労働者バダンゲに変装した。のちに政敵はこの名を利用して彼を卑しめようとした）を小さな君主として紹介して、われわれをおおいに惑わした。ナポレオン三世はその頃すでにアムの大学で当時の必修科目を治め、それらを考察していた。そのうえ彼は経済や社会主義の理論もくわえ、おそらくやや理想主義者となり、絶対主義的国家権力の限界さえ踏み越えかねなかった。たぶんそのためであろうか、コルニュ夫人（母オルタンスの部屋仕えの娘でナポレオン三世とは乳兄妹）をはじめ同時代の証人たちは、皇帝として日常的な仕事をこなすなかで彼を締め付けている退屈な思いが、その行動に表われたと考えた。このことは、また彼が国民を絶えず引きまわし（万国博覧会、産業見本市、行列等々）、二〇年間ほとんど絶え間なく催しごとに宮廷を巻き込んだことも説明する。

政治思想について言うならば、彼はそれをまとめることが巧くなかった。何よりも彼はプラグマティストであり、自分の人格と任務に対する高い観念や時代の要請によってばかりでなく、感情や想像によっても導かれていた。だからこそ皇帝が言ったとされる「私の政府は何と奇妙なのだろう！　皇后は正統王朝派、モルニーはオルレアン派、ナポレオン＝ジェロームは共和派、そして私自身は社会主義者……たった一人しかいないボナパルティストのペルシニーは気違いだ」という言葉に（むろん真偽は疑わしいのだが）、まんざら根拠がないとは言いきれないのである。ナポレオン三世は本物の社会主義者では毛頭なかったが、当時のボナパルティストと同様、多様でありながら統合主義者、確信的な秩序派や社会改革の実験者、容赦なく絶対主義的権力を振るう自称民主主義者というようにその立場は千変万化した。一七八九年の人間（なぜならば彼は平等主義と「人民」主権の精神をもっていた）であると同時に「二十世紀の人間」（なぜならば彼は最も保守的な側近の意見にもかかわらず、自由主義経済が十全に拡大した世界では、とくに社会主義的法律と国家的介入を考えなければならないことを悟っていた）でもあった。アドリアン・ダンセットが書いているように、二番目の皇帝は「相矛盾する着想を総合することがどうしてもできない」人であった。

Ⅱ　帝室のシステム

一七七五年以来、憲法上の継承者に統治権を伝えることができたのは、ルイ十八世一人である。ルイ十六世からナポレオン、シャルル十世、さらにルイ＝フィリップにいたるまで誰一人正統な継承者が玉座に就くのを見て死んだ者はいなかった。一八五二年十二月以前、ナポレオン三世はこのことを確認していた。帝国が再興されるや彼が最優先させた課題は、妃を選び帝政の基礎固めをすることであった。

1　世襲皇帝

一八五二年十一月七日の元老院決議の規定によれば、一八五二年の帝国は「創建」されたのではなく「再興」された。ルイ＝ナポレオンはこの帝政の連続性を、ナポレオン三世という名称を選ぶことによって強調した。彼としては、かつて議会によって皇帝として宣言はされたもののフランス以外の地ではまったく承認されなかったナポレオン二世の短い治世を守ろうとしたわけである。ピエール・ド・ラ・ゴルス〔一八四六〜一九三四年、法律家、歴史家。著書『第二帝政史』〕によれば、新皇帝は自分がその出自とナポレオン家の係累からみて「統治の適性」をもっていると印象づけたかったのだ。彼にとってこの選択は、自分に先立つ体制の存在を承認する意味ももっていた。ルイ十八世は亡命先から戻って「余が不在のあいだに起こったことをすべて無効とする」と宣言したが、この過ちを犯すことをナポレオン三世になった彼は避けようとしていた。彼は革命暦八年の憲法上、ナポレオン一世の継承者ジョゼフとルイの統治を空虚なものとして退け、一八一五年以降ボナパルト家の統治は終了したことをはっきりと認めた。

「私は私よりまえに存在した諸政府を承認するばかりでなく、それらが残したよいものとわるいものをある意味で受け継ぐことになります……。とはいえ、この五〇年間の歴史がわれわれにつたえたもののすべてを受け入れようとすればするほど、我が家長の輝かしい統治と、敗れた愛国心の最後の昂揚において両議院が宣言した彼の息子の、つかの間とはいえ正統な〔ナポレオン二世という〕称号を黙過することはできなくなるのであります[1]。」

(1) 百日天下で敗れたナポレオンは一八一五年六月二十二日エリゼ宮で、「余の政治生命は終わった。余はここに息子ナポレオン二世をフランス皇帝とすることを宣言する」といい、代議院、貴族院の両院によって承認された〔訳註〕。

新憲法ではボナパルト家の「統治の適性」からすべての帰結が引きだされた。とくに皇位継承に関しては、皇帝直系の男子から男子へと長子相続制にもとづいた世襲とするとうたわれた。皇帝に子供がいない場合は、ナポレオン一世の男子の系統から養子をもうけることができる。その一方、継承順位をどのようなものにするかを、皇帝はいつでも元老院に告知できる。一八五二年十二月、ナポレオン三世はジェロームとカロリーヌ・ド・ヴュルテンベルクの子孫〔アメリカ女性との結婚で生まれた子供[1]は含まない〕は、皇帝が子供に恵まれないまま亡くなった場合は、継承者になりうることを伝えた。とはいえ、彼の運命はそのようにはならなかった。

（1）ジェローム、一七八四～一八六〇年。最初アメリカ人エリザベス・パターソンと結婚したが、兄ナポレオンにより無効とされ、一八〇七年、プロイセン王のいとこフリードリヒ・ヴュルテンベルクの娘カタリーナと結婚させられた〔訳註〕。

2 皇后と皇太子

結婚問題は一八四八年、つまりプランス＝プレジダン時代から、政界〔とサロン〕の大きなテーマであった。ルイ＝ナポレオンは独身生活をつづけながらも、この問題を考えていた。ヨーロッパの王家を見渡して、フランス皇后に即位するにふさわしい王妃に求婚した。しかし彼は何度か拒否の憂き目にあった。というのも古い王家は、ボナパルトのような人間に王女をあたえるのを嫌ったからである。くわえてミス・ハワードとの関係が、依然としてつづいていることも障害になった。

例によって結婚問題でも、ルイ＝ナポレオンは秘密裏に行動し、機が熟すや人を驚かせる挙に出た。彼は結婚相手をウジェニー・ド・モンティジョ〔スペイン語読み、エウヘニア・デ・モンティホ〕すなわちテバ伯爵令嬢にいきなり決定したのである。若くて裕福で美しいこのスペイン娘は、外交面でなんらかの国益をもたらすことを厭う女性ではなかった。政治家の反対にもかかわらず新皇帝は、政府機関やヨーロッパ諸国の宮廷ばかりでなく、フランス国民に向けて堂々と発表した。

「人が世に認められるのは、家柄を古くみせることによってではない。むしろ自分の出自をつねに思い起こし、……はい上がった者の立場をヨーロッパとまっすぐに向かい合わせることが大切である。なぜならば偉大なる国民の自由な普通選挙によってはい上がったとき、人は輝かしい称号を得るからである。」

結婚式は一八五三年一月二十九日と三十日に行なわれた。新郎が「無感動なのに対し、新婦ウジェニーは情熱的」であった。保守的で熱心なカトリック教徒だった（だからといって遠慮するようなヴィクトル・ユゴーではなく、「鷲が雌鶏〔尻軽女の意味〕と結婚した」と書いた）彼女は、夫の健康がすぐれなくなると、信念をもって政争の渦に身を投じた。一八五六年三月十六日、皇太子が生まれる。ヨーロッパにおけるフランスの地位の復権を認める会議が、パリで開かれているさなかのことであった。

3　家族

ボナパルト一家が第二帝政で果たした役割は、決して無視できない。ナポレオン一世の兄弟姉妹に由来するものはすべて大切にされ、恩恵を与えられた。ミュラ家の者は立法院か元老院に遣わされた。バチョッキ（エリザ〔ナポレオンの妹〕の家系）は皇帝の忠実な侍従長となった。ナポレオン一世の庶子ワレウスキは、大使から外務大臣（一八五五～一八六〇年）、国務大臣（一八六〇～一八六三年）さらに立法院議長（一八六五～一八六七年）にまでなった。才気煥発の盟友で異父弟のモルニーは、一八六五年に皇帝が死ぬまで最も信頼すべき相談役であった。モルニーは一八五二年一月、オルレアン家の財産の国有化に抗議して辞職するまで内務大臣を勤めた。のちに一八五四年に赦されて、立法院の議長となったのである。

一番きわだっているのは元ウェストファリア王ジェロームとその息子ナポレオン＝ジェロームである。二人は掛け値なしの皇族であり、市民の家柄でしかない他の家系とは異なっていた。ボナパルト家の実家の最後の生き残りであるジェロームは、フランス国元帥（一八五〇年）、さらに元老院議長と廃兵院名誉院長を務めた（一八五二年）。ナポレオン三世はこの叔父を尊敬はしたがまともに相手にはせず、彼の非難の手紙や、気まぐれと愚痴に耐えた。ジェロームの息子プランス・ナポレオン＝ジェロームの役割のほうが重要であった。この人物は頭脳明敏の活動家で、民衆派ボナパルティストになったり、共和派（一八四八年には極左に加わった）や反聖職主義者になったり、スキャンダルを恐れず、従兄を遠慮なく批判した。彼のイメージを損ねたのはクリミア戦争のときである。将軍に任ぜられた彼は、不用意な作戦ですんでのところでイギリス軍を全滅させそうになった〔一説では下痢に苦しんで帰国したとされる〕。孤立するなかで、皇太子の誕生にいらだった彼は、ルエールの政府をおおいに手こずらせた。[1] ナポレオン＝ジェロームの妹マチルドのほうは、皇帝と結婚しなかったことを後悔したに違いない。彼女は代わりの結婚に失敗したが、[2] 第二帝政期を通じてパリで華やかなサロンを開き、ナポレオン三世に忠誠を尽くした。

（1）ナポレオン＝ジェロームが後嗣問題でルエールを悩ませるのは、ナポレオン四世の叙任（一八七五年）のあとのことである。参考文献（訳者による）【19】五七五～五七八頁〔訳註〕。

（2）政略結婚でロシアの大富豪デミドフ公（アナトリー・ニコライエヴィチ・デミドフ）に嫁いだが、夫の暴力に耐えかねて別居状態になった。ロシア皇帝ニコライ一世（母カタリーナの従兄に当たる）の計らいで巨額の慰謝料を得て、パリで愛人とともに自由な生活を送った〔訳註〕。

最後の従弟ピエール・ボナパルトも歴史に痕跡を残している。リュシアン・ボナパルトのこの息子は、残念ながら「新聞記者」ヴィクトール・ノワールをピストルで射殺したことによって（一八七〇年一月九日）有名になった。エミール・オリヴィエ内閣が成立したばかりで自由化運動真っ盛りのさなか、この無神経な行動は最も穏健な人びとをも巻きこみ共和派の反対運動を危機的なまでに硬化させた。最高法院はきわめてまずい宣告をくだし、ナポレオン三世の従弟である彼を放免した〔ヴィクトールの家族に賠償金を払うことを条件に、正当防衛で無罪放免した。参考文献（訳者による）【21】三一頁〕。とはいえ、皇帝自身は、ピエール・ボナパルトが新聞社の社主が挑発のために決闘させようとして派遣した記者に最初に殴られたのが事実だとしても（それはおおいにあり得た）、従弟の重罪を望んだことを隠さなかった。お騒がせ男ピエールは、帝国の滅亡するときまで、ベルギーに追放された。彼の行動は深刻な危機を招き、ヴィクトール・ノワールの葬儀を機に共和主義者は、暴動に発展しかねない一大デモンストレーションを組織した。

4 側近

相談役や盟友からなる第一の集団は、帝政時代を通じてあまり変わらなかった。欠くべからざるモルニーは別格として、それは多様な傾向の擁護者から成り立ち、彼らは行動によってあるいは行動回避によって皇帝即位に尽した。なかでも保守派は、一番数が多かった。正真正銘のボナパルティストといえるのは、ペルシニーのみである。文字通り忠勤に励んだ彼は（その標語は「私は尽くす」であった）、遠ざけられてなお最後まで、主人を支えることをやめなかった。内務大臣と外務大臣を勤めながら、皇后の存在そのものを決して受け入れることができなかった。このことと、体制の自由化とは相容れない超権威主義的傾向とが重なったがゆえに、彼は寵を失った。激しやすく粗暴な彼は、「公爵となりながら、あいかわらず下士官でもあった」（A・マソノー）。ペルシニーと同列には、慎重だが有能な官房長官モカール、特別秘書官ピエトリ、しばしば無任所大臣にいながらこのうえなく忠実なビヨー、第三共和制まで財務大臣を勤めたマーニュ、つねに銀行家だったフールなどが挙げられる。さらに大臣にこそならなかったが間違いなく実力者のフルリーもこのリストに加えられなければならない。陰謀時代の仲間も忘れられてはいない。ペルシニーとフルリーのほか、ヴォドレー、エドガール・ネー、レティは戦時内閣のメンバーになった。最後にルエールとオリヴィエといった超大物の存在も忘れることはできない。

ルエールはリヨム出身の代訴人の息子で、自身も弁護士であった。オリヴィエから「副帝」と呼ばれるほどその活動範囲は広く、一八六三年以後は帝国の政策の全局面にかかわった。ナポレオン三世に命じられた改革にはどちらかといえば反対で、権力の座からは去ったが、主人やのちには皇太子とも手を切ることはなかった。法務大臣（一八四九年十月から一八五一年一月までと、一八五一年四月から五月にかけて、一八五一年十二月から一八五二年一月まで）、ついで農業、商業、土木事業各大臣（一八五五〜一八六三年）、大臣兼国務院議長（一八六三年）、国務大臣（一八六三年十月から一八六九年七月まで）を歴任した。

弁護士エミール・オリヴィエの経歴は、ルエールに比べてずっと屈折している。帝政初期には共和派と目された彼は、モルニーとワレウスキを通じて、一八六〇年から六一年にかけての改革に加わりはじめた。第三政党の創設に大きな役割を果たし、一八七〇年、法務大臣職を通じて政権に接近したが、ときすでに遅かった。彼はみずからを「善意と理想に満ちながら、ごまかしと悪意と憎悪の溢れるこの世界をさまよう人間」と定義している。ボナパルティスムと自由を協調させるという野望を、彼はついに実現することができなかった。

第七章　ナポレオン三世の内政

『自由な帝国』という一七巻の著作においてエミール・オリヴィエが説く教義によると、第二帝政は権威主義的な帝国から自由な体制へと発展し、イギリス流議会主義を目指す意志をもって終焉したとされる。この意志は、フレデリック・ブリュシュによれば「ボナパルティスムの否定」であった。このことから、ナポレオン三世自身がオリヴィエが言うように変化していったと、結論すべきであろうか？意見が分かれるところである。ある人びとは、確かに共和派の台頭とさまざまな事件の推移によって、皇帝はみずから変らざるをえなくなったと考える。また別の人びとは、権威主義的体制の変化は、側近に自由主義的改革を命じるのにふさわしい瞬間を待ちかまえていた君主の個人的観念の成果だと書いた。歴史においてしばしば起こることだが、真理はこうした相反する主張の中間にある。ナポレオン三世は法治主義、政治的自由主義、進歩的社会主義といった観念を身につけながら、他方きわだった権威主義的傾向をもっていたのである。

Ⅰ　絶対王政

ナポレオン三世は、治世の大部分の期間、絶対主義的権力を享受することができるようになった。いまや彼は「民主主義という名のもとにおけるヨーロッパ随一の専制君主」（F・フュレ）であった。内政において彼は、憲法から託された国民投票で承認された権力を、遠慮も邪心ももつことなく利用した。その大権によって彼は、一八四八年（と、その後の数年間の）の混乱から抜けだしつつあるとはいえ、かつてなく深刻に分裂している国家の安定化を図ることができた。実際、政治的亀裂は経済社会の領域に転移し、フランス革命の暗黒の歳月以来起こったことのない事態が生まれていた。抗争はボナパルト派、オルレアン派、正統王朝派といった、制度上の動機から生まれた皮相な諸潮流を対立させたというにとどまらない。いまや各陣営は、いっそう階級社会的輪郭に応じた個別の支持層を基盤とするようになった。この点に注意を払わない国家は、名士、労働者と農民、都市住民と農山村民、カトリック教徒と非カトリック教徒などのあいだに深い溝が穿たれていく危険にさらされる。ようするにフランスは、政治上の現代、つまり普通選挙絶対の時代に入ると同時に、みずからを安定化させなければならなくなったのである。

1　制度

一八五二年の憲法は、シャルル十世と七月王政の治世に潜んでいた問題を解決し、皇帝は統治するだけでなく「君臨する」ことをはっきり宣言した。皇帝は軍隊を指揮し、開戦を宣言し、平和条約を結び、条約（商業条約を含む）について交渉し、すべての職務の任命を行なう。制令と法の施行規則をつくり、恩赦や特赦を宣言し（ナポレオン三世はよくこれを行なった）、公共工事を許可するのも皇帝である。皇帝のみが法案の発議をし、立法過程の最後に決定的な拒否権（一七九一年憲法におけるルイ十六世の執行停止権ではない）を握る。皇帝は彼にのみ従属する大臣を指名し、また罷免できる。

ナポレオン三世は、しばしば大臣たちの役目は彼の考えを行政機関に伝えることだけだと注意した。彼に言わせれば「大臣は、私が政治を行なうための、大きな歯車」なのだ。本来、省というものは存在しない。いかなる合議制も禁止されているからだ。委員会は、週二回開かれるが、それは討論のためではなく、皇帝に情報を伝え、彼から指示を受けるための会である。第二帝政において大臣の総数は少ないが、そのこと自体が省全体による訂正の欠如と機能の安定性を物語る。七月王政で一五〇人だった大臣の数は、第二帝政では一〇六人である。一八五七年閣議は、一握りの高官を集めた私的評議会を兼ねることとなった〔私的評議会設立の経緯については、参考文献（訳者による）【21】三四三頁〕。その翌年から開かれるようになった閣議は、もはや合議制の権能をもたなかった。このようにナポレオン三世に権限が集中したことは、必ずしもあらゆる彼の決定の実施にブレーキがかからなくなったことを意味しない。たとえば、人びとが彼に対して事情を隠したり、彼の意志が大臣やその執行機関のたてた障害にぶち当たることもあった。とはいえ全体的に見て、この支配体制のもつメリットもデメリットも、すべて彼に帰せられてもしかたあるまい。

一八五二年の憲法条文では、立法権は評議部か法令登録部の機能に格下げされていた。この権限はさらに元老院（指名議員）と立法院（普通選挙による選出議員）のあいだで分割された。大臣は両部に出頭することはない。国務院議員はそこで執行案を守った。ナポレオン三世は各院に多大の権限を与えることは無意味だと考えていた。彼は一八七二年、『あるイギリス貴族への手紙』でそのことを説明している。彼に言わせれば議会は国民の精神を裏切るとされた。一七八九年の立法議会は、民衆の意志に逆らって王権を破滅に導いた。国民公会は民衆の支持を得られなかった。一八一六年の議会は現実的な国の願望を反映していなかった。ルイ=フィリップの議会は改革を妨げた。一八四八年の憲法制定議会はカヴェニャックを支持したが、国民はボナパルトに投票した。皇帝が国民の声に耳を傾けるうえで、議会のおしゃべりは必要ない。彼には国民投票がある。「国民投票だ、国民投票こそが真実だ！」というのが彼の口癖だった。

2　民主的独裁

ナポレオン三世の帝位継承権の基礎は世襲制と国民投票の結果にある。ボナパルティストにとって世襲は「運命の定めるところ」にほかならない以上（プレロ〔マルセル・プレロ、一八九八～一九七二年、政治学者、法制史家〕の説）、帝国は本質的に「当時のいわゆる」人民主権にもとづいていた。皇帝は「国民の代表」であり、国民に対してのみ責任を負うが、立憲王政は責任は問われない。一八五一年の宣言は、すでにこの点を明らかにしており、「中央集権的なこの国家においては、国民の意見はつねに、良いことも悪いこともすべて政府の首班に報告する。したがって、憲章の冒頭にこの首班はいかなる責任も問われないと書くことは、これまで三度にわたって革命の騒乱に潰えた擬制を固定化せんとするものである」。つまり、ナポレオン三世の統治は「大衆に直接指示を求める、一種の啓蒙主義的絶対主義」である（プタ〔シャルル=イッポリート・プタ、一八八六～一九七四年、現代政治・宗教史家〕）。しかし憲法によって確定されたこの責任は、一方通行の責任だった。つまり問題を提起するのは皇帝なのだ。皇帝の責任を問うことは、立法議会の選挙（候補者が官選であるにもかかわらず）によっても不可能である。というのも、選挙は皇帝の政策に対する国民の感情の適正な指標とは見なされていないからだ。

国民投票は国の首長のための政府をつくる基礎であると同時に武器であった。国民投票は最初の一回しか機能をしなかった。一八五二年に実施されて以後、それは一八七〇年五月すなわち帝政末期、自由な準議会主義的手続きを強化することに七〇パーセントの賛成投票がなされるまで一度として用いられることはなかったのである。

3 保守政体

第二帝政は自由主義的傾向にあるとはいえ、本質的には保守政体であった。たとえばナポレオン三世の人柄、趣味、著書、宣言などと彼の政策とは、驚くほど対照的である。大きなコントラストがあった。クーデタ以後の皇帝は、確かに体制派の言いなりになることが多く、保守的体制は商活動においても維持された。だが独裁体制を通して彼は（逆説的ではあるが）周囲の取り巻きの願望を無視し、その気になれば開かれた政治を治世当初から実行できたかもしれなかったにもかかわらず、権威主義的政策を強行した。彼は本質的に体制派の人間であり、特別に「国民のナポレオン」とみられることを望んではいなかった。

民主主義は公然と文書に謳われていたが、実際にはそれは制限され、組織化されていた。国民投票は「アクセサリーとして店のショー・ウィンドウに並べられたにすぎない」（ブリュシュ）。立法院の選挙では候補者が官選で、しかもあらゆる行政機構が応援するので（とくに強力なのは知事の支持）、歪曲された選挙結果は本質に変化がなかった。新聞は厳しい法律によって箝口令が敷かれ、たえず自己検閲が奨励され、違反した場合には罰せられた。選挙キャンペーンに介入する教会は、正統王朝派寄りであるにもかかわらず丸め込まれてナポレオン三世と馴れあっていた（彼自身は宗教に対しては懐疑的である）。一八六〇年以後、体制が安定化すると、フランスはカトリックと形式的には袂を分かち、イタリアで教皇の世上権を脅かす政策をとりはじめた。

ナポレオン三世が政府に集めた人びとの多くは保守的世界の出身で、オルレアン派に近い（たとえばモルニー、フール、ルエール）か、とくに支持王朝を明らかにしない人びと（シャッスルー＝ローバ〔プロスペール・ド、一八〇五〜一八七三年。政治家、国務院議長（一八六〇〜一八六九年）〕）やチュルゴー）がいた。ボナパルティストにはっきりと位置づけられるのは、ペルシニー、アバトゥッシ〔ジョゼフ＝ピエール・シャルル、一七九二〜一八五七年。国璽尚書（一八五二〜一八五七年）〕、カサビャンカ〔フランソワ、一七九六〜一八八一年。会計検査院付検事総長（一八六四〜一八七一年）〕らで、珍しい存在であった。大部分の人びとは、体制を支える本流に入る権門に属していた。こうした人びとにとって、体制派の秩序（過激保守を含めた）の完成は決して不愉快ではなかった。赤の脅威を排し、実業に好ましい環境をつくるこうした政策を、国民の大半は支持していた。

一八五〇年代は、「権威主義的」帝国の時代である。クーデタにつづいた鎮圧は力を弱めたが、野党に対する圧力は緩まない。新聞、集会、キャバレー、公共の場、演劇、文学……いたるところに警察は存在し、すべてに目を光らせ、すべてに介入した。弾圧的な法律が強化され、たいした疑いもなく適用された。とくにオルシニ事件（一八五八年。本書七〇頁参照）のとき、皇帝は後退する前に強烈な鎮圧を求めた。このように第二帝政の前半は、市民的自由の向上が、政治的自由の犠牲において進められた時代であった。

II　野党の台頭と自由主義的皇帝

皇帝の座について一〇年、その地位が国内の経済的繁栄と国外における軍事的勝利によって強化されると、ナポレオン三世は体制を変革することが可能だと考えるようになった。彼はこれを必要性と個人的な信念とにもとづいて実行した。優れた政治家として彼は選挙民に影響をあたえる変化を、側近たちより重視していた。共和派ばかりでなく社会主義者も再び登場し、立法機関に入るだけの票を集めるようになった。経済的離陸に応じて社会理念も変わりつつあった（それは来たるべき数十年でいっそう激しく変化していくであろう）。体制派の人びとからさえ、立法権を抑えている手綱を緩めるべきだという要求がなされた。

ナポレオン三世は権力者にはめったに見られない明敏さをもって、段階的に政治的自由をあたえる道を選んだ。強制されて自由を認めたり、最悪の場合にシャルル十世やルイ＝フィリップの轍を踏んだりするよりは、そのほうがましだと考えたのである。政治的自由主義に向かっての前進は、帝政を自分自身ばかりでなくその後継者のために恒久化させることにほかならなかった。

1　野党勢力の台頭

ナポレオン三世に対する反対派は王朝派と共和派があった。王朝派のなかでも正統王朝派は脅威となっていない。シャンボール伯[1]に属する大部分の人びとは、カトリック教会の例に倣って帝国に加担した。オルレアン派は、その支持層が多くの場合ボナパルティストの支持者と取り違えられる以上（たとえば、限定的政治的自由主義や社会主義的保守主義を標榜する名士やその支持者）、本来はもっと危険な存在となっていたはずだ。王朝派の指導者はティエール、ギゾー、ブロイ、レミューザに体現されるように華やかな存在である。しかしこれらの反対派はみな、決して融合することはないが、帝国が自分たちの目指す方向に進んでいるかぎり、それであっさり満足してしまう。これに反し共和主義者は、必ずしも簡単に帝政とは結ばれなかった。

（1）シャンボール伯アンリ・ダルトワ（アンリ・シャルル・フェルディナン・マリー・デュードネ・ダルトワ、一八二〇～一八八三年）は、フランス王シャルル十世の孫にあたるフランス・ブルボン家最後の王位継承候補だった人物。レジティミスト（ブルボン王朝支持者）たちからはアンリ五世と呼ばれた〔訳註〕。

共和派は一八五一年以後、しばらく選挙の場から姿を消していた。彼らの指導者は追放され、グループは見捨てられていた。たしかにヴィクトル・ユゴーの懲罰的な詩集は隠然と出回っていたが、それだけでは大きな運動を生みだすのに充分ではない。一八五二年の選挙では、立法院に三人の共和派を送ったに過ぎず、その三人も議会の宣誓を拒否し、出席しなかった。皇帝はこの小さな反対を意に介さなかった。そして内務大臣に命じて、『ル・シエクル』、『ラ・プレス』といった共和主義的な印刷物の発行を、ある程度大目に見て、野党が鬱憤を晴らせるようにさえした。側近のあいだでは、全員がこの寛大な考えを共有していたわけではない。アバトゥッシは「民主派は矯正されたというよりは、むしろ押さえ込まれたのだ」と警告している。一八五七年の選挙では、共和派はやや伸びて（有効投票数の一四パーセント）、五人の議員が宣誓を行なったが、彼らは「脅されて」行なったから意味はない、と断言した。これには与党側が逆上し、オルシニ事件を口実にナポレオン三世に事態を掌握させせようと説得した。

ナポレオン三世はシャルル・ド・ゴールとならんで、現代フランス国家の指導者のなかで最も多くのテロと陰謀が企てられた人物に数えられる。それらは国内の闘争に関するものと、皇帝のイタリア政策に関連したものとおよそ二つに分けられる。

前者は、反対勢力を創出できない状況を克服するために発達した「秘密結社」の所業で、これによって一八五二年から六二年にかけて約三〇〇人の人びとがそれぞれの陰謀に加わったとして逮捕され、有罪とされた。たとえば、皇帝行幸の列に投じるための手製爆弾製造所が見つかったり、皇帝拉致計画やテュイルリー侵入計画が発覚したりした。また元首が乗った列車が通過するべき線路で、信管が抜かれた。ボルドーでも、彼の公的旅行のさい爆弾が仕掛けられた。一八六一年から六二年のあいだだけで、皇帝を標的とした陰謀が一五件も数えられる。

イタリア関係の陰謀も数において引けを取らない。イタリア独立運動の総帥で、半島の秘密結社を率いるマッツィニは、ナポレオン三世に裏切りの咎で死刑を宣告していた。皇帝を殺せばフランスに革命が起こり、その余波でイタリアに叛乱が生まれると考えたのである。マッツィニの一派は時を移さず活動を開始した。マルセーユの爆弾事件（一八五二年）、シャン＝ゼリゼにおけるピアノリのピストル発砲事件（一八五五年）、ティバルディのピストルならびに短剣所持[1]（一八五七年）。その他それほど有名でもなく、警察の資料集に埋もれた陰謀は枚挙にいとまがない。とはいえ、世間の耳目を最も驚かせ、内外に多大の影響をもたらしたのは、もちろんオルシニ事件である（一八五八年一月十四日）。皇帝と皇后がオペラ見物に向かう途中、爆弾が破裂した。

（1） マッツィニ派のティバルディは、パリで逮捕され、彼の自宅から武器が発見された。彼と交信していた亡命中のルドリュ＝ロランも欠席裁判で有罪とされた。参考文献【3】二四四頁〔訳註〕。

反対勢力の伸張は規則的につづいた。あらゆる傾向の反対派の票は、一八五七年の七〇万票から一八五九年の三三〇万票に伸びた。選挙のたびごとに都市は、最もボナパルティスト的な都市（たとえばメッス）も含めてつぎつぎと共和派の陣営に転じていった。議会では保守主義者たちさえ「必要な自由」を要求するようになった。とはいえ一八七〇年の国民投票では、圧倒的多数で都市の大衆と憲法体制との離反を確定させた（賛成七三〇万票対反対一五〇万票）[1]。

（1）投票（一八七〇年五月）に先立って元老院において決定され、審問すべき質問の内容は、「一八六〇年来、国の主要機関の協力を得て皇帝によって実施されている憲法上の自由主義的改革を国民（選挙人）は承認し、一八七〇年の元老院決議の決定を批准するか」というもので、自由主義と帝政を抱き合わせにして農民層の支持を得た。参考文献【3】四四五頁〔訳註〕。

2　改革を目指す皇帝

ナポレオン三世は彼を蝕んでいる持病（腎臓と膀胱の重大な機能不全）にもかかわらず（あるいはそれゆえにか）、治世の絶頂期に達して体制の穏やかな改革を命じ、断続的に変化のペースを加速させた。皇太子の誕生（一八五六年）によって皇位の世襲的移譲が可能となった。あらゆる勢力から皇朝の承認を取り付け、日常的な政争の場からこの問題を遠ざけることも含めて皇位正統性の強化をはかるべきときが来ていた。議会主義的色彩を許すことはたしかにボナパルティスム（権威集中主義）という大原則を棄てることであるが、同時にそれは現代性を求める皇室にとって将来への備えでもあった。ナポレオン三世は議会制の信奉者ではない。彼は一八七〇年の年頭もふくめて、ナポレオン＝ジェロームに宛てた書箇のなかで、何度となくそのことに触れている。帝国憲法に議会制の萌芽を認めるとしても、それは必要に応じて、しかも彼の大権の一部（大臣の指名と罷免、立法院の解散、国民投票）との交換においてであった。政治的自由に関しては皇帝は反対しなかった。ただその自由は時間をかけて到来するだろうと、彼は考えていた。一八五三年の立法院に宛てた教書で彼は、「かつて自由は、永続的な政治体制の基礎づくりに役立ったことはなかった。それは時代によって体制が確立したときに、その装飾となるべきものである」と述べた。

一八五九年に入って体制は安定した。ナポレオン三世はそれを機に追放されていた共和派の人びとに恩赦をあたえた。彼は自由主義者や一部の労働者から支持を得て、新たなイタリア政策で衝突したカトリック派の不在を補おうとしたのだろうか？　それはあり得る。しかしこのとき皇帝は、イギリス流立憲王政とは言わないまでも、より自由主義的方向に体制を導こうと望んだとも考えられる。くわえて歴史と国民に関する優れた分析者でもあった彼は、モルニーにたすけられて考察するうちに、完全普通選挙が政治規範を変えていくことを実感した。結局は政治は、思想的基礎のない名士のたんなる議論ではなくなり最大多数派の仕事となっていくだろう。善悪はともかくそのときに備えたことも、ナポレオン三世のきわだった功績であった。

一八六〇年十一月二十四日、議会における請願権の復活をもって制度改革が始まった。この後つぎつぎと予算や財政面での改革がつづいた（一八六一年十二月）。慢性的な赤字に対して、議会の規制はよい結果をもたらした。権威主義的なボナパルティストは不安の色を見せ、共和派のカルノーは「皇帝が原則を棄てるのは自殺行為だ」と言いきった。しかし効果は良好だった。左派の一部は体制が変化することに価値を見出しはじめた。ただエミール・オリヴィエのように、最後に政権に与するまで、反対の立場を貫いたケースもあった。病気のため皇帝は、内政にねばり強く当たることができなくなっていった。側近たちのバラバラな、あるいは相矛盾した要求に対処するのに疲れ果てて、突発的に行動することが多くなった。妻というよりは母親のような皇后の裏をかくこともあった。ウジェニーは夫の計画を心配し、幼いナポレオン四世に無傷で帝国を譲り渡してもらいたいと望んでいた。一八六三年から六九年までは、ルエールのように皇帝の願望、時代の要請、彼自身の権威の観念の三つを絶えず勘案する人間を当てにすることができた。だがいまや彼はウジェニーを抑え、ワレウスキ（ナポレオン一世の庶子で自由保守主義者）を登用させ、ナポレオン＝ジェローム公の突飛な反教会的行動を抑制し、モルニー（一八六五年没）の後釜をすえ、オリヴィエとの接触を切らないように努め、ティエールの演説に対抗しなければならない……。改革継続の任務はルエールが引き受けた。しかしだからといって「ピラミッドの頂点にもう一つのピラミッドを置くわけにはいかない」のだ。

こうしたなかでストライキ権が確立され（一八六四年）、皇帝は議会に対する演説や教書のなかで改革続行を宣言し（一八五七〜一八六九年）、元老院の権限を増大させ（一八六七年）、新聞と結社の自由に関する法律を自由主義的方向において改めた（一八六八年）。だがこうした制度的修正も、反対派を武装解除させるまでにはいたらなかった。いくつかの選挙結果と、立法院における共和派指導者たちの行動がそれを証明している。改革をもっと押し進めなければならない。最初の諸改革を告示するさい、エミール・オリヴィエはモルニーにこう予言した。

「今日から諸君は安定化するか、破滅するかどちらかだ。もし改革が最初のものならば、きみたちの基礎は固まるだろう。もしこれが最後の改革なら、きみたちは滅びるだろう。」

一八七〇年初頭、オリヴィエは政府に迎えられた。

積年の反対派領袖を皇帝があっさり迎えたことによって、「第三政党」の勝利は確定した（有名な「ティエールの党」と言う洒落[1]は、部分的にしか正しくない）。この勝利は自由主義的運動の到達点であると同時に、皇朝存続にとって文字通りのチャンスであった。いわば右翼反対派となった保守主義者の文句屋や皇朝と敵対する共和派のはざまにあって、オリヴィエは事態に真剣に取り組み、魅力的な選択の道を提供した。これに対し政府の努力を支持する意図を表明した穏健共和派は、判断を誤ってはいなかった。「自由主義的な」元老院決議と、一八七〇年の国民投票の勝利とによって第二帝政は息を吹き返し、議会主義へと歩みはじめた。とはいえ、エミール・オリヴィエはこの傾向の最初の犠牲者となった。なぜならば普仏戦争のさなか、保守派が彼を打倒したからである。

（1）「第三の党」（ティエール・パルティ）には、立憲王政を目指すアドルフ・ティエールが属したため、当時「ティエールの党」という洒落が流行した。しかしティエール自身は皇帝の再三の協力要請を拒否したため、同派にいて根っからの共和主義者オリヴィエに協力を求めて合意を得た。党は躍進し、オリヴィエは首相となり、自由主義的帝政が実現しかかったかにみえたが、それが第二帝政の最終段階であることは本文に見るとおりである〔訳註〕。

第八章　ナポレオン三世の外交政策

「帝国とは平和だ」と一八五二年十月九日、ボルドーで未来の皇帝は宣言した。この言葉（それはもっと長い講演の文脈において言われた言葉だが）ゆえに彼はずいぶん非難された。確かにナポレオン三世の時代、帝国軍隊は世界のいたるところで闘ったが、だからといって甥は、とくに叔父を真似て、軍事的栄光をかちえようとしたわけではない。彼の場合戦争は、たいがい外交上の一手段であった。遠征や戦闘が行なわれた裏には、原則的に征服とは言えないさまざまな企てがあった。ナポレオン三世は力でヨーロッパを支配することや、部隊の先頭に立って指揮することを夢見たことは一度としてなかった。自分を陣頭にたつ器だと思っていない。彼が軍隊を動かしたとすれば、皇帝の職務に関する観念とナポレオンという名前の重みに迫られたからにほかならない。他方、彼の外交政策の原理は矛盾に満ちていた。この分野でも自分の願望をしっかりとまとめきれない彼は、失敗を味わった。鷹揚で原理原則に幻想を抱いていた彼は、古典的な外交手段にほとんど関心を寄せなかった。彼は自分の政策を実行するうえで、専門家を信用しなかった。結局彼は、状況に立ち向かえるだけの強力な部隊を帝国にあたえようとはしなかった。

ナポレオン三世は外交政策においても陰謀家として立ちまわった。彼はしばしば大臣たちを遠ざけて思考し、土壇場にきて腹案を示した。そのため大使や各省の役人たちと彼とのあいだには軋轢が生まれた。れっきとした在職中の大臣、たとえばドルイン・ド・リュイス（一八五二年と一八六八年）、ワレウスキ（一八五五年）、ムスチエ（一八六六年）、ダリュ（一八七〇年）、グラモン（一八七〇年）らは、おおむねたんなる命令の実行者に終始した。こうした話し合いもなく決定される個人的な政務の結果は、一八六〇年までは見事に成功したが、その数年は精彩を失い、一八七〇年最悪の事態にいたった。そのあいだ病める皇帝は能力を失い、ウジェニーをはじめ新世代の皇室の利益を目指す側近に対し、仲裁することも、間合いを取ることも、抵抗することもできなくなっていった。

I　戦略

ナポレオン三世の外交政策は、つぎの三つの観念を中心に構成されていた。すなわち一八一五年の諸条約から生まれたヨーロッパ体制に終止符を打つこと、第二に民族国家の原則を推進すること、第三にフランス植民地拡大を追求することである。

1　イギリスとの同盟

ワーテルロー以来ヨーロッパ諸国のあいだでは、いかなる戦争も起こっていなかった。五〇年以上つづいた平和のなかで、ナポレオン一世を敗った諸強国による各国ナショナリズム運動の沈静化と、フランスが果たす役割の重要性の低下とを特徴とする大陸の体制が固定化していった。ルイ＝フィリップのイギリス好きによって同盟関係に変化が生まれかけた。だが一八四八年の革命は、ヨーロッパ体制の再編を許さなかった。ボナパルトの後継者ナポレオン三世は、ウィーン会議によって強制せられ、メッテルニヒによって必死に守られた均衡を崩壊させるために、ほとんど「個人的に」闘わなければならないと感じていた。古い王国の絆を解くためと言っても、結局彼には直接強国と対決することも、軍事的次元でそれを実現する気もなかった。

ナポレオン三世はフランスとイギリスとの接近を足がかりにした。大国イギリスは一八一五年以来大陸にあまり関心を抱かなくなった。もっとも、より自由主義化したイギリスは、現状から政治的利益を得ることはほとんどなかった。不安定な国内に秩序を維持している帝国との同盟関係に対して、ロンドンが敵対的に出ることはない。一八五〇年代末まで英仏同盟関係はよく機能していた。イギリスはナポレオン三世に、孤立主義から抜けだし、フランスが大陸における仲裁者になることを認めていた。その後ヴィクトリア女王とフランス帝室との友好的関係にもかかわらず、イギリスはこのことに我慢できなくなり、オルシニ事件以後両国の関係は疎遠になった。イタリア人の活動は、ロンドンで準備されたものだった。態度を硬化させるなかでフランス政府は新聞に対し、イギリスの同盟国を批判することを許可した。一方、イギリスの裁判官は、オルシニ事件のフランス人協力者を無罪としたため、誤解を生みだす結果となった。さらに一八六六年、普墺戦争において中立を守ったことに対して、皇帝が領土的代償をもとめて以後、関係はほとんど険悪になった。そうしたわけで一八七〇年、イギリスは中立的立場にとどまったのである。

2 ナショナリズム

一八四八年に書いた著作のなかでナポレオン三世はナポレオン一世が考えたとされる思想、すなわち『セント＝ヘレナ島覚書き』が展開する思想から演繹されたナショナリズムの原理を発展させていた。このいわばラス・カーズとの共同著作のなかで刑囚ナポレオン一世は自己紹介をし、自分はイタリア、ポーランドはおろかスペインにおいてさえも国民を国王から守る人間だとしている（！）。ナポレオン三世も、（彼の場合、経験的事実とは無関係に）自分はヨーロッパばかりでなく中央アメリカにおいても国民主義の擁護者と称した。彼にとって諸国家は「地形と共通の利害と記憶から生まれた思想的一致」によって結ばれた（いささか曖昧な）共同体であった。そして彼が夢見ているのは、イタリアをはじめドナウのヨーロッパ側オーストリア、イベリア、バルカン、ドイツ、スカンジナヴィア諸国といった諸「ブロック」の中心でフランスが発展していくような連邦制であった。このような構想は内政における諸関係の逆転を誘発した。常時体制を支えている保守派はこの国民主義原則に敵対し、他方共和派はイタリア王国の建国とポーランドの解放という考えに同調した。

帝国が復興していくなかで生まれたこうした寛容なヴィジョンは、ヨーロッパのいかなる大国からも支持されなかった。古いヨーロッパは、次の三つの主要グループによって編成されていた。すなわちプロイセン、オーストリア、ロシアといった権威主義的王国、フランスやイギリスのような自由主義的傾向の強い国、そしてトルコ人やオーストリアの支配に反対するナショナリズムが醸成されている地域（バルカン諸国やイタリア）の三つである。オーストリアはイタリアにおける失敗にもかかわらず、一八六六年つまりプロイセンによって崩壊させられるときまで古いヨーロッパの中心であった。広大な領土とさまざまな異民族を抱えたこの大国は、軍国主義国家プロイセンを中心としたドイツ統一を恐れ、それゆえウィーン体制の維持に最大の利益を見出していたのである。他方、独裁者ニコライ一世が治める巨大なロシアは、トルコ（サンクトペテルブルクでは、「ヨーロッパの病人」と呼ばれていた）を犠牲にして勢力と領土的拡大を切望していた。

このように複雑な状況のなかでナポレオン三世は二つの戦略にもとづいて、二つの構想を実現しようと望んだ。一つは「フランスに一定の役割を回復させる」だが、その結果ロシアとイギリスの同盟関係に対する紛争が起こった。もう一つは「ナショナリズムを助長する」ことによってオーストリアに対抗してイタリア統一を図る戦略で、これによってプロイセンにドイツにおける動きを許し、ウィーンを崩壊させてしまった。のちにイギリスの支持が失われ、オーストリアやロシアからも支持を望めなくなったとき、彼はフランスの役割の名誉にかけてスペインその他の国々においてプロイセンの策謀に対抗した。両軍事強国の正面衝突によって、民族主義の原則はその最も危険な形での適用を受け、ドイツ帝国の成立を許していくのである。その意味で彼は、ヨーロッパにおけるフランスの地位を回復するために重ねられてきた六〇年間の外交努力を無にした。ナポレオン三世の教条的な寛大さでは、現実的で予防的な外交を生みだすことができなかったのである。

3 植民地拡大

ルイ=フィリップは、失墜数か月前のシャルル十世が着手したアルジェリア政策を継続したが、イギリスの不満を買う気はなく、ヨーロッパ以外の土地でフランスの存在を高めることは望まなかった。そうした考え方は、ナポレオン三世にはなかった。彼に言わせればフランスには、文明化を促す使命がある。彼はその信条をアフリカやアジアに適用しようとしたが、この政策の大筋は第三共和国に引き継がれた。経済的利益にも彼の関心が欠けていたわけではない。遠い土地には、本土の工業発展を支える原料があった。

ナポレオン三世はアンチル諸島やレユニオン島の併合を追求し、民政に対する軍事的支配という古いモデルにもとづいてアルジェリアの植民地化政策を強化した。彼は暗黒アフリカの初期段階の植民地化を推し進めた（セネガルのフェデルブ〔ルイ・レオン・セザール、一八一八～一八八九年、軍人。一八五〇年から六〇年代にかけてセネガルをはじめ西アフリカ各地を統治する〕の例）。さらに彼は、キリスト教の利益防衛を口実にフランスの保護が確立した中近東に介入した。さらにエジプト経済を援助するためばかりでなくインド、アジアへのルートを増やすためにスエズ運河建設の許可を得た。ジブチ周辺、ニュー＝カレドニア、マダガスカルなどへのフランス人定住も、彼の治世に行なわれた。フランス人は中国と戦い（南京の略奪、一八六〇年）、インドシナを占領した。

Ⅱ　一八一五年体制の終焉

一八一五年体制のヨーロッパを揺るがせ、新たな均衡を生みだすためには、重大な危機がなければならない。それゆえナポレオン三世は自国の利益がかかわっていないのに、クリミアにおける対ロシアとの戦争を避けようとはしなかった。彼はイギリスのあとを追って戦いに駒を進め（のちには作戦の指揮さえとった）、ワーテルローの敗者は大陸において正当な立場を回復することとなった。

1　クリミア戦争

ナポレオン三世の帝位就任は、一方においてイギリスとの関係、他方においてロシアとの関係について緊張を高めた。ニコライ一世は、一八五一年のクーデタに好意的だったにもかかわらず、ボナパルトの帝位復権を侮蔑的に迎えた。のみならず彼はトルコに対して敵対的な政策を展開していた。そこでフランス人とイギリス人はなんらかの口実でサンクトペテルブルクの独裁者と一戦交えたいと考えていた。

ナポレオン三世は本質的には戦争を望まず、ヨーロッパの均衡は平和的に改善されていくだろうと考えており、聖地の問題は自身の帝政に対するヨーロッパの姿勢を検証する意味で一つの機会だと考えた。そこで彼はフランソワ一世以来の権利を引き合いに東方のキリスト教徒とパレスチナにおけるキリスト教の拠点の排他的保護者でありつづけようと望んだ。一方、ギリシア正教徒はオスマン帝国から得た承認をもちだし[1]、同様の願望を抱いていた。オスマン・トルコ皇帝〔アブデュルメジト一世、一八二三～一八六一年〕の二股膏薬にもかかわらず、フランス＝ロシア間の危機には沈静化の兆しが急速に現われた。ところがナポレオン三世はオスマン帝国を解体させようとするイギリス内閣を支持しつづけようと決断し、ロシア軍が地中海とインドへのルートに接近することを妨げようとした[2]。

（1）一四五三年にコンスタンティノープルはイスラム教徒のオスマン帝国の支配下に入り、前後してギリシア人を含む正教徒の居住地域の多くがオスマン帝国領になったため、オスマン帝国はコンスタンティノープル総主教を保護して国内の正教徒を統制する政策をとった〔訳註〕。

（2）一八五三年四月にオスマン帝国が領内の正教会信者つまりスラヴ系民族の生命と財産を保証するのであれば、ロシアは国際的な危機からの安全を保障するという合意が成立した。しかるに、この合意のなかにはスラヴ系商人に対する特権の付与なども含まれていたため、完全に蔑ろにされたフランスが猛烈に抗議し、いろいろな妨害工作を行なった〔訳註〕。

ダーダネルス海峡に艦隊を遊弋させる英仏二大国の態度に意を強くしたトルコは、一八五三年十一月ロシアに対し開戦を宣言した。ナポレオン三世は仲裁を申し出たが、ニコライ一世からは、「ロシアは一八五四年においても、一八一二年のままであることを示しうるであろう」という威嚇的な返事を得たにすぎなかった。そこで彼はイギリス＝フランス＝トルコの三国協定に調印し、ロンドンとともにロシアに対して戦闘開始を宣言することとなった（一八五四年三月二十七日）。派遣隊（フランス軍三万、イギリス軍二万一〇〇〇）は、バルカン半島に向かった。オーストリアはこの状況を利用して、ルーマニアのロシア領掌握に乗りだした。プロイセンはその動きを阻止しようと、戦争を辞さない構えを見せた。

一八一五年のヨーロッパ体制は、最初の銃弾が発射される前に、すでに崩壊していた。

ルーマニアにおける若干の小競り合いでは、交戦国の紛争を解決することはできなかった。イギリス軍とフランス軍はロシアを海から、つまりセバストポリから攻めることにした。この都市の攻囲戦は、約一年つづいた。たいした成果もない殺しあいが、ペリシエ〔エマーブル・ジャン・ジャック、マラコフ伯、一七九四～一八六四年〕に率いられる決定的攻撃戦まで延々と繰り返された。ニコライ二世の死によって、ロシアの熱気はさめ、新たな皇帝アレクサンドル二世が、一八五六年二月一日ウィーンで平和協定に署名した。この戦いでフランス兵九万五〇〇〇名が命を落とした（その三分の二は病死）。

2　仲裁役フランス

一八五六年二月二十六日から四月十六日にかけて、フランス、イギリス、オーストリア、ロシア、ピエモンテ＝サルデニア[1]を集め、ワレウスキの主宰するパリ会議が開催された。会議は、ヨーロッパの協調体制にフランスが復帰することを確認した。この話し合いでいくつかの一致が得られたが（ルーマニア公国の独立、キリスト教徒とイスラム教徒との平等な処遇と引き換えのトルコの領土保全、ドナウ河の航行の自由、黒海の中立化）、その結果ナポレオン三世はバルカン半島で活発に動けるようになった。彼はセルビアとモンテネグロに軍の教官を送り、ルーマニア王国建国とカロル王〔カロル一世、一八三九〜一九一四年。初代ルーマニア国王（在位一八八一〜一九一四年）〕の即位を援助した。さらにフランスは矛先をスペインに向け、スペインの改革努力を支持すると通告した。さらに叔父ナポレオン一世がフリートラント(2)の戦いのあとにしたようにロシアに手を伸ばそうとしたが、一八六三年のポーランド危機(3)のさい民族自決の名において退却した。

（1）サルデニア王国はサヴォワ家によって統一されたイタリア王国の前身であった。フランスの歴史学者はしばしばこのもとの二つの国を示すためにピエモンテ（サヴォワの一部）＝サルデニアと呼ぶ〔訳註〕。

（2）ロシアのカリーニングラード州南部にある都市で、ナポレオン一世率いるフランス軍がロシア軍と戦った場所。歴史的には東プロイセンに属し、一九四六年まではフリートラント・イン・オストプロイセンの名で知られた〔訳註〕。

（3）一八六三年、パリに亡命していた急進的共和派が中心になって、ロシア軍に対して革命軍を編成して叛乱を起こした。この独立戦争は一年半にわたってつづいたが、革命軍は敗北した〔訳註〕。

敗戦国に対する穏便な措置と騎士道的振る舞い、領土的要求の欠如、ロンドンとの協力関係、民族自決原理の理性的実施等によって、ナポレオン三世はヨーロッパにおけるフランスの地位を回復した。一八五〇年代末は帝政にとって壮大かつ穏やかな時代の到来を告げるかのようだった。共和派の圧力やオルシニ事件は、皇帝の計画を覆していく。だが彼はまた青年時代の夢、すなわちイタリアの統一と独立の機会を求めようとしていた。

Ⅲ　見果てぬ夢――イタリア

皇帝は「イタリアの夢」を決して棄ててはいなかった。パリ会議のさい彼は、解決策こそ見いだされなかったが、このテーマを持ちだすことに成功し、オーストリアをおおいに失望させた。オルシニ事件以後皇帝は、一八四八年に改めて公に更改された、イタリア独立派を援助するという約束を実現できると感じていた。この帝政の自信は、現状維持に教皇世上権存続の保障を見ているフランス・カトリック教徒の不安をかき立てるに足るものだった。

1　秘密外交

ナポレオン三世の個人的秘密外交が現実化した瞬間があったとすれば、それはまさにこのイタリア戦争のときであった。すでにオルシニ裁判において、彼はいくつかのその兆候を示して見せた。たとえばテロリスト・オルシニの弁護人に、依頼人から皇帝に宛てた書簡を傍聴人の前で読ませ、それを『官報』に公開することを許可した。あまつさえ彼はオルシニを無罪にさせようとしたが、これは事件の犠牲者があまりに多かったためなしえなかった。

一八五八年七月二十一日、プロンビエールで湯治中の彼は密かに（つまり外務大臣に知らせることなく）ピエモンテ＝サルデニアの首相カヴールを迎えた。二人はイタリアへのフランス介入の大枠を、一緒に決定した。カヴールによれば皇帝はイタリアに二〇万の兵を派遣し、教皇を盟主とし四つの国からなる連邦国家をつくることで密約を交わした。すなわち王位にピエモンテ＝サルデニアのヴィットリオ＝エマヌエレをおく北イタリア、中部はナポレオン＝ジェロームの望み通り彼を王とする中央イタリア、さらに南部イタリア（教皇派の諸州）、ナポリ王国（ミュラのために）の四つである。介入（これはパルマとモデナの叛乱後ただちに行なわれることになっていた）の交換条件として、フランスはニースとサヴォワをもらうのである。このカヴールとの密約をナポレオン三世は、長いあいだ大臣ワレウスキに隠していた。シェルブールに旅行したさいには、彼は「諸君は私がオーストリアに反感をもっていると言うが、こんなばかげた話はない！　ピエモンテは私に好意的なはずだし、私がイタリアを愛していることも確かだ。私はつねに親イタリア的でありつづけるつもりだ。ただしこれには一定の限度があって、平和を乱さない限りのことだ」とさえ述べた。にもかかわらず一八五九年、婚約の儀式〔ナポレオン＝ジェロームとヴィットリオ＝エマヌエレの娘クロチルドとの婚約〕のさい皇帝はオーストリア大使を呼び、「貴国とフランスの関係は、かつてのように良好ではない」と言って遺憾の意を表した。一月二十六日、フランス＝ピエモンテ条約がトリノで正式に交わされ、皇帝の代理人ナポレオン・ジェロームによって秘密裏に署名された。これを機に彼はサヴォワのクロチルドとの結婚式を祝った。

フランスとオーストリアのあいだの緊張は、カヴール政府の扇動によってますます高まり、ロシアを外交戦に巻き込んだ。ロシアは、ツァーに謁見のためワルシャワを旅行したナポレオン＝ジェロームから皇帝の真意を知らされ、イタリア問題を解決するためにヨーロッパ会議の開催を提案した。及び腰になったナポレオン三世がこの提案を受け入れようとしたとき、オーストリアは（頑固な尚爾官ブォールを通して）ピエモンテ＝サルデニアに対して最後通牒をだした。ヴィットリオ＝エマヌエレが部隊を解散しなければ攻撃をするというのだ。カヴールはこの最後通牒を蹴った。そして一八五九年四月二十七日、オーストリア軍は国境を越えた。ナポレオン三世は即座に、一月二十六日の同盟条約を尊重すると通告した。

2 無益な闘い

一八五九年五月三日、フランスはオーストリアに宣戦を布告した。クリミア戦争では側近たちはナポレオン三世に戦地行きを思いとどまらせたが、今度は彼は一〇万人の部隊の先頭に立って指揮をとることを決意した。作戦はなかなか開始しなかった。オーストリア軍はセバストポリの勝者を恐れ、一方フランス軍は現地に到着するのにおおいに手間取った。結局戦闘が実際に始まったのはマジェンタで（六月四日）、ソルフェリーノではとくに激戦が展開された（六月二十四日）。いずれも激しい攻防戦だったが、セバストポリの戦いほど戦死者は出ていない。にもかかわらずナポレオン三世は自分の政策のために血が流れ、人が倒れたことに深い衝撃を受けた。多くの人びとの説では、彼はこの死者に対する同情のゆえに、戦いをやめたとされる。だがこれは言い過ぎだ。夕暮れの戦場を見た皇帝の悲しみは大きかった。これが動機で彼はアンリ＝デュナンの赤十字の創設を奨励したが、だからといってそれだけで、彼がオーストリアのフランツ＝ヨーゼフと会見し、ヴィラフランカ停戦条約（一八五九年七月八日）による紛争解決に同意せざるをえなくなったというわけではない。実際フランスの成功は、ヨーロッパのアングロ＝サクソン社会を苛立たせはじめた。プロイセンの兵力動員の話、ベルリンとウィーンの同盟の話、二〇万の兵をもってフランス領土に侵入し、イタリア軍に側面攻撃をかけ、ロレーヌとアルザスに釘付けにされている新兵数隊を蹴散らした話などがつぎつぎと語られた。イギリスの世論は反撃した。ナポレオンの甥？……彼も貪欲な大食漢ではないのか？　ロシアは先年の勝者フランスに節度を守ることを勧め、プロイセン軍の後衛に圧力をかけるという密約を守ろうとはしなかった。フランスのカトリック派の意見は、教皇権を脅かすこの戦争を耐え難いものとしていた。保守派は、政府が共和派を利するだけの「革命的戦争」を遂行していると言って非難した。あらゆる条件が相まって、ナポレオン三世はヴィットリオ＝エマヌエレとカヴールに知らせることなく、イタリア七か国（オーストリア支配の国を含む）連邦国家を予定した予備平和交渉に署名してかまわないと考えた。カヴールは呆然として辞職した。ヴィットリオ＝エマヌエレは怒りと絶望を露わにした。ナポレオン＝ジェロームは無念の思いを示した。だが何ものもナポレオン三世の意志を曲げることはできず、彼は青年時代の夢を達成することなくパリに帰ってきた。イタリア統一への歩みは、彼なしで（といっても彼の支持はあったが）、そのままつづけられた。

一八五九年八月十四日、軍隊の先頭に立った皇帝の華やかで壮大な帰還のパレードが群衆の歓呼に包まれながら、パリを横切って進んだ。帝国は栄華の極みに達した。つまりそれは凋落の始まりでもあった。

一八五九年の後退は、ナポレオン三世の個人的願望を断つにはいたらなかった。彼は密かに統一へと歩むヴィットリオ＝エマヌエレ王を励ましつづけた。彼は王が北のいくつかの小公国を事実上併合するのを放置し、一八六一年二月十八日に布告されたイタリア王国を認め、ガリバルディ隊が教皇領を通過することを許可し、ローマにいたフランス隊を引き揚げさせた（一八六四年）。彼は最終的にはニースとサヴォワのフランスへの復帰を獲得した。だが残念ながらフランス国内のカトリック勢力に押されて、一八六七年、ガリバルディ隊からローマを防衛するためフランス隊を派遣してしまった。メンタナでガリバルディ隊は壊滅し、一方、ルエールは立法院でイタリア軍は、一度としてローマには入らなかったと宣言した。一八七〇年、ナポレオン三世が同盟軍の助けを望んださい、ヴィットリオ＝エマヌエレは心を鬼にしてフランスへの支援を拒否し、若干のゲリラ隊（そのなかにはガリバルディもいた！）しか送らず、フランス隊の出発を利用して一八七〇年九月二十日、新首都ローマを占領した。

Ⅳ　失墜

ヨーロッパはやむなく均衡の変化を認めうるようになった。だがその一方でこの動きがフランスを利することはきわめて受け入れがたいところであった。フランスはいろいろな紛争の調停役を果たし、この数年間その勢力を定着させつづけている。しかし、それ以外の野望や構想にも門戸が開かれるようになった結果、それらの野望や構想が民族自決の原則を手がかりとしてナポレオン三世を孤立化させ、台頭する強国プロイセンと単独で対決させるにいたった。

ナポレオン三世はまず、イギリスとの同盟関係が緩んでいることを認めなければならなかった。また彼はポーランド問題に関して、ロシアとの関係をこじらせてしまった。メキシコ遠征に飛びついてはみたものの、これはフランスにとっては無益、メキシコ以外のアメリカの国々にとっては不安の種となった。さらに彼は南北戦争のさなかに仲介役を申し出てアメリカの問題に介入しようとしたが、エブラハム・リンカーンはこの介入を「非友好的」と判断した。ナポレオン三世は、プロイセンと戦っているときのオーストリアと離反した。彼の中立的立場は短絡的な計算の結果であり、こうした二股的行動は大きな過ちとなった。

1　メキシコ戦争

フランス、スペイン、イギリスの連合軍をアメリカへ介入させるという最初の考えは、悪くはなかった。ナポレオン三世は世界のこの地域に、ヨーロッパへ原料を供給し、経済を刺激できるような中心をつくりたいという大望をずっと育ててきた。アムで彼はこの問題を研究し、大西洋と太平洋を結ぶ運河の開削を推奨していた。近代的で現実的なこの計画を具体化するために、皇帝はメキシコに広がっている無政府状態を利用して、大陸への足がかりをつくれるかもしれないと考えた。地元の独裁者ファレス(1)は、自国の借金とくにスイス系フランス人の銀行家イェッケル〔ジャン＝バチスト、一八一二～一八七一年〕から借り入れた金の返済を拒否した。連合軍の部隊は一八六一年、ベラ・クルスに上陸した。その一年後スペイン軍とイギリス軍はメキシコを去り、残ったフランス軍だけがファレスと彼のゲリラ隊と対決することとなった。ナポレオン三世は、南北戦争で忙殺されるアメリカに異を唱えうる王国をつくる絶好のチャンスと考えた。

(1) ベニート・パブロ・ファレス・ガルシア、一八〇六～一八七二年。先住民族から選出された初のメキシコ大統領（一八六一～一八六三年、および一八六七～一八七二年）。ファレスは最も偉大で敬愛されるメキシコの指導者であり、「建国の父」と讃えられた〔訳註〕。

プエブラで敗れたもののフランス隊は絶えず増強され、一八六三年六月メキシコを奪った。ナポレオン三世は中央アメリカにカトリックの帝国をつくろうとしていた（この決定を皇后が積極的に支持したことは確かだ）。オーストリアの皇帝フランツ＝ヨーゼフの弟マクシミリアンは、ソルフェリーノ以後ロンバルディアを失ったオーストリアに対する代償として、メキシコ皇帝の椅子を授けられた。しかしファレスは武装解除をせず、威嚇的になり、フランス軍は一八六七年に船に戻った。マクシミリアンは叛乱軍に敗れ、捕えられ、銃殺された（一八六七年六月）〔有名なマネの作品《皇帝マクシミリアンの銃殺》は、全部で五枚描かれたと言われる〕。

メキシコ遠征によってフランスとイギリスのあいだにはさらに亀裂が広がり、帝政のイメージは薄れ、フランス軍は弱体化した。

2 ウィーン体制の維持

当然のことながらナポレオン三世は、プロイセンを中心とするドイツ諸州の統一化への動きに対抗できなくなった。それも民族自決の原則から出た一つの結果ではなかったか？ 換言すれば彼の外交政策の複雑さは（イギリス大使パーマストンは「彼のアイデアは、巣穴のなかのウサギたちのように込み入っている」と語った）、一八五〇年代の成果を台無しにしてしまった。フランスは潜在的な敵ばかりでなく、同盟諸国からも監視されるようになった。メキシコ遠征の失敗にもかかわらず、フランス軍は大陸屈指の軍隊だとあやまって信じられた。ナポレオン三世の一つ一つの動きが、第一帝政の拡大政策再来として法務省によって解釈されてもおかしくなかった。こうした好ましからぬ状況（その原因はおもに皇帝の秘密外交にあるのだが）のなかで、一八六六年プロイセンとオーストリアのあいだに危機が生じた。彼ははまり役を演じていると思いこみながら、実は四年後の自分自身の陥穽を掘っていたのである。

オーストリア人は、ドイツの弱小国がプロイセンの王ヴィルヘルム一世とその新首相でかつ「ドイツのカヴール」とも言うべきビスマルクを中心に集まるのを、面白からず思っていた。確かにオーストリアはプロイセンと組んで、叛乱を起こしたデンマークの弱小国をつぶす戦いに加わった。だがそこから永続的一致点は、何一つ生まれてはこなかった。ナポレオン三世はビスマルクとの秘密会談のさい（一八六五年十月）、オーストリア＝プロイセン紛争にはフランスは介入するつもりはないだろうということを匂わせた。実際、彼はそのような戦は長引くだろうと考えていた。とすれば必要に応じて事態を見つめ直せばよい……。そこで強国プロイセンは、機先を制した。三週間にわたる戦闘ののち、ヴィルヘルム一世はフランツ＝ヨーゼフの部隊を、サドワの戦いで壊滅させた（一八六六年六月）。

不意をつかれてナポレオン三世はプロイセンの拡大をくい止めることができず、ただひたすら現状を維持し、ある程度一八一五年体制のヨーロッパの守り手になるばかりであった。外務大臣ドルアン・ド・リュイス〔エドアール、一八〇五〜一八八一年。一八六二年から六六年まで三度目の外務大臣を務める〕は、皇帝に、強引だが断固として国境にフランス軍を配置し、フランスの同意なくして何事もなしえないことをビスマルクに思い知らせるべきだと進言した。ナポレオン三世は、別の選択をした。彼は「チップの政策」を選んだのである。

3　チップの政策

ナポレオン三世は、中立を駆け引きの道具に使おうとした。彼はまずプラハの講和条約（一八六六年八月）でヴェネト州がイタリアにあたえられることに同意を得た（フランスはこの州をイタリアへの贈り物としようとしたである）。ついで在ベルリン・フランス大使ベネデッティは、一八一四年来の国境であるライン左岸を中立の代償として得ることをほのめかした。しかしビスマルクはこれらの「チップ」をあたえることを拒否した。このことが公になると、ナポレオン三世は外相にドルアン・ド・リュイスに代えてルエールをおいた。任命されるやいなや、ルエールはベルリンに対し新たな要求をなし、リュクセンブルクとベルギーをもってフランスは満足すると伝えた。巧妙なビスマルクは、それは考慮しなければならないと応えた。こうした猶予期間をつかって彼はドイツ南部諸州と結んだ一連の協定に署名し、プラハで得た利得をいっそう拡大した（たとえばプロイセンを中心とした北ドイツ同盟の創設）。何の話もまわってこないので、フランスは今後はリュクセンブルクだけで満足し、またオランダ王からそれを買ってもいいとさえ言いだした。ビスマルクは、この案にはあらゆる手段を使って反対すると言い、リュクセンブルクの国際化は受け入れることを通知した。チップの政策は、ナポレオン三世にとってばかげたものとなった。のみならず彼の交渉の意図が記録として残った。一八七〇年、ビスマルクはロンドンにそれらをすっぱ抜いたので、イギリスは同盟国フランスの救援に駆けつける気をすっかりなくしてしまった。(1)

(1) ビスマルクは、一八七〇年六月二十五日付の『タイムズ』紙に記録を発表させた。参考文献【3】四七五頁〔訳註〕。

パリ万国博覧会(一八六七年)にヨーロッパじゅうの元首が列席したにもかかわらず、ナポレオンの外交政策は、一八七〇年の敗北の波に呑まれる前に、失敗に終わった。帝政の初めの何年かは軽妙で華々しい歳月がつづいたが、高度に戦略的な原則と寛大な理論の混淆が、個人的な秘密外交の実践とあいまって、彼には正しい政治方針が出せなくなった。さらに末期の失敗もまた、第二帝政の対外的事業の成功を不可能にさせたのである。

第九章　ナポレオン三世のフランス

現代のフランスはナポレオン三世のもとで生まれた。経済発展の曲線と数値表からそれは明らかであり、歴史家たちもこの点では一致している。とはいえ、産業革命の始動において皇帝が実質的にどのような役割を果たしたかという問題となると、議論があいかわらず分かれて存在する。ある人びとは経済的離陸のあらゆる条件は、第二帝政以前の体制によって統合されていたとする。ここでは一八五〇年から一八七〇年までのあいだ、発展のメカニズムはその歩みを継続させていたにすぎないとされる。他の人びとは、ナポレオン三世は社会・経済的諸問題の解決に本格的な情熱を傾けた、最初の国家指導者であったと指摘する。

I　ナポレオン三世と経済

青年時代ルイ＝ナポレオンはイギリスの発展に衝撃を受けた。一八三三年、彼はイギリス旅行に出てこの国の工業地帯をまわり、鉄道列車に試乗し、機械の恵沢と個人的発意の有効性を確認した。彼が若年より経済的問題の解決に熱心だったことは、書簡の一部を集めた『ナポレオン的観念』や、要塞アムで書いた著作の文章が示すとおりである。彼はジャン＝バチスト・セイ、アダム・スミス、プルードン、そして社会主義者オーウェンの著作を読み、友人ナルシス・ヴィエイヤール〔一七九一～一八五七年。軍人。復古王制以後引退して、ボナパルト家の家庭教師となり、のちに議員となる〕に導かれてサン＝シモンの思想に親しんだ。アンリ・ド・サン＝シモン伯（一七六〇～一八二五年）の思想を「経済」の立場から解釈したことが、ナポレオン三世の思想的な基礎となった。彼はシュヴァリエやタラボのような信奉者に囲まれ、彼らとともにサン＝シモンの記述の社会的側面を無視した。そして銀行や工業の発展のすばらしさのみをとらえ、それらの発展が自分たちの財産ばかりでなく社会全体を豊かにすると信じた。

何度か書いたようにナポレオン的構想は、自由の喪失を繁栄によってカヴァーすることにある。そのことを『ナポレオン的観念』のなかでルイ＝ナポレオンは次のように美しく語っている。

「ナポレオン的思想は、農業を活性化していくことである。それは新しい製品を発明し、役立ちそうな新機軸を諸外国から借用することである。それは山を平坦にし、河を渡り、通行を簡単にし、国民と国民とが手を握りあうように命じることだ。」

彼に言わせれば現実の政府は、国民のあらゆる階級が恵みを受けられるような拡大を促進しなければならない。そのような構想においては国家の予算は魂であり、それこそが最大の利益に向かって主たる公共投資を方向づけるものである。他方、企業精神や個人の努力は活動の主たる動機である。

「個人が国家よりもよくなし得るものを、国家がみずからなすような傾向は、悪しき傾向として避けなければならない。」（一八四八年の選挙演説より）

ナポレオン三世は治世の大部分を通じて、政治よりは経済において自由主義者であった。政治よりも経済を優先するという考えはすぐれてサン＝シモン的な思想であり、それはボルドーの講演以後現われてきた。

「わが国にはこれから開墾すべき広大な未開の領土がある、開通させるべき道路がある、穿つべき港がある、船を通せるようにすべき運河がある、完成させるべき鉄道網がある。」

「帝国とは平和である」と宣言したばかりの未来の皇帝は、このように述べ、さらに国力は経済から生まれると断言した。だがこの点ではフランスは、イギリスやアメリカはおろかベルギーや北ドイツ圏にさえ対抗する力をとうていもっていない。鉄道の発達は、七月王政の無気力のゆえに中断されたままだ。保護主義的で手工業的な国フランスでは、消費は貿易や近代的な銀行システムを欠きながら、国家が古典的な機能を行使するだけで満足している以上、地方的な商売の域を出ない。ナポレオン三世はこうした状況を変えようとしていた。

そのために彼は、またしても自分自身の支持者と戦わなければならなかった。しばしば挙げられるのは農業信用金庫の設立案を、国務院が拒否した例である。この案が成立していれば、他のいくつかの金融機関の設立によって工業や商業に革命が起こったように、フランスの農村の様相は一変していたかもしれない。反対を抑えるためにナポレオン三世は、ペレール兄弟、フール、モルニー（彼らは帝政期全体を通じて大投資家であった）、あるいはシュヴァリエ、タラボ、ルエール（彼はちょうど一八六三年まで文字通り経済上のパトロンであった）といった金融資本家や実業人を、またヴェッスやオスマンのような近代的で起業精神に富んだ行政官を、変化の立て役者として直接起用した。

ナポレオン三世の経済改革綱領の大きな部分は、一八六〇年一月五日国務大臣フールに宛てた有名な書簡に読みとれるので、ここでその行を引用しなければならない。

「つまりあらゆる手段を使い、さまざまな分野で国民的富の一大飛躍を跡づけなければならない時代が到来したのだ。……商業の繁栄を達成するには交換手段を増やさなければならない。また競争がなければ産業は停滞し、消費増大に対抗した高水準の価格が保たれる……そういう真理を人びとは長いあいだ公言してきた。資本を増やすような順調な産業が存在しなければ、農業自体も揺籃期から抜けられない。つまりすべては、公的財産の諸要素の連続的発展において繋がりあっている！　だが問題はどの程度の限界においてこうしたさまざまな利益を助長すべきか、またいずれの利益に優先権を与えるべきかを知ることが大切なのだ。」

自由な交換や商工業の発展を実現するための方針がこれにつづく。国家がはらうべき努力は財政上の圧力を減らすことにあり、利益の不足は借入で購われなければならない。そこで皇帝はこう結論づける。「ようするに、羊毛と綿に対する税の廃止、砂糖とコーヒーに対する段階的減税、連絡道路の精力的かつ持続的改善、輸送費の全般的低減、農業と工業に対する貸付、大規模な公共工事、禁制事項の廃止、大国との通商条約締結。以上の基本的実施計画に注意を払い、それを実現するべく一刻も早い法案の準備を、なにとぞ貴殿の同僚たちに促していただきたい。余はこの計画が、余とともに新時代を切り開き、フランスに恵沢を確保せんと切望する元老院、ならびに立法院の愛国心にもとづく支持をかちえることを固く信じる。」

II　経済の発展

ナポレオン三世の時代におけるフランス経済の発展を示す場合、一八五一年から七〇年までに国が経験した不可逆的で根本的な諸変化の要素を整理することは困難である。というのもすべては同時に進行し、再編されていったからである。経済の激変ぶりには、目をみはるものがあった。

ナポレオン三世時代のフランスは、およそ三八〇〇万人の臣民を抱えていた（「ただし不満な臣民を除いて」と、ロシュフォール〔共和派的週刊誌『ラ・ランテルヌ』の創立者。同誌は一八六八年五月の初号一二〇〇〇部を完売し、増刷して一二万部に達した。引用は、その冒頭の文言〕は意地悪く付け加えた）。当時としては、ヨーロッパで最も人口の多い国である。といっても人口密度は低く、国民の四分の三が農山村住民（広い意味での、無数の小村から成り立つ国でもあった。パリは人口一〇〇万以上、マルセーユ、リヨン、ボルドー、ルーアンは一〇万から二〇万を数えた。一八五〇年から七〇年までのあいだ、工業地帯への農村部からの人口移動が認められ、一部の町村は人口が一〇倍に増加、中心町村が都市化した。二五〇〇万の耕作民がまず麦畑を耕し、ついでそのうしろにブドウ畑をつくる農業は、きわめて大きな産業であった。手工業は、帝政初期四〇〇万人を数え、特殊な地位を占めたが、徐々に工場制手工業に代わられていった。すべての伝統的な職業は、工業と大規模工事のために労働力が求められた結果、打撃を受けた。一八七〇年に入って、フランスの風景は、目に見えて変化していった。

1　近代銀行制度の創設

第二帝政に入った当初、フランスはカリフォルニア（一八四五年）とオーストラリア（一八五一年）の金鉱発見で潤っていた。貴金属が流れ込んだためフランス銀行の金貨は、一八四八年から一八七〇年のあいだに八倍に増加した。貨幣の増加は、以前よりずっと進歩した銀行システムとあいまって、交換を促進させた。一八五二年二月より不動産銀行が設立され、官民とわず都市整備事業に長期貸付のかたちで融資を行なった。十一月にはフール、モルニー、ペレール兄弟らの動産銀行が、ヨーロッパのユダヤ人銀行家による援助のもとに誕生した。一八五九年には商工業銀行、一八六三年にはクレディ・リヨネ、一八六四年にはソシエテ・ジェネラルがそれぞれ陽の目を見た。善悪はともかく、フランス銀行もそうした動きに追随し、鉄道に融資せざるをえなくなった。フランスではこのような銀行システムが、近代的な信用貸しの習慣から発達していった。兌換制度の強制通用が一般化し、一八四七年の五〇〇フラン紙幣から、五〇フラン紙幣（一八六四年）、さらに二五フラン紙幣（一八七〇年）へと移行していった。

2　国土整備

ナポレオン三世の時代はまた、大規模な国土整備を中心とする公共政策が特徴であった。この発展の中心になるのが鉄道である。鉄道は一八五〇年の三六〇〇キロメートルから、一八七〇年の二万三三〇〇キロメートル、すなわち現在の鉄道網の総延長の半分に達した。フランスの鉄道敷設網は公権力と民間の発意の協力における施行権設定によって実現された。この設定によって株主は採算可能な路線を副次的路線で結ぶことを義務づけられた。第二帝政時代になって列車によって輸送された乗客数は、それ以前の四倍に、貨物の量は一〇倍に増加した。やはり輸送の分野では海運が発達した。たとえば貨物の海上輸送能力は、植民地拡大と自由貿易政策に刺激されて、七三万四〇〇〇トンから九六万トンに達した。海運会社は繁栄し、ル・アーヴル（アメリカとの貿易のため）マルセーユ（地中海の商活動のため）ボルドーとナント（南アメリカ向け）といった港湾の拡大を可能にした。

第二帝政下の国土整備について語る者は、オスマン知事によるパリの改造事業に思いをはせる。この事業はナポレオン三世の個人的支持なくしては、完成しえなかった。それほどに反対の声が高かった。

もちろんこの巨大なプロジェクトには、いくつかの政治的底意があった。たとえば市民の最もうるさい部分を郊外に押しやろうとする意図、あるいは古いパリにある狭くて曲がった道路ではなく、秩序維持のためにより適切で広い幹線道路の建設などである。しかし改造の本質はそこにはない。ナポレオン三世は以前ロンドンの都市改造に衝撃を受けたことがあった。彼はパリを魅力的で管理しやすく、近代的なヨーロッパの都市にしたいと考えた。そこで人びとは街路や大通りを開通させ、荒廃した建物を取り払い、近郊を併合し（モンマルトル、グルネル、ベルヴィルなど）、小公園と噴水をつくり、古い記念物を邪魔ものから解放したり、新しく建て替えた（ガルニエのオペラ座、シャトレ、サン＝トーギュスタン教会、ルーヴル宮の完成）。しかしパリだけがこのような大変化を被ったわけではない。リヨン、マルセーユ、ボルドーの知事もまた、建築家に早変わりした。いたるところで都市改造が企てられ、下水道や上水道が敷設され、行政が近代化された。第二帝政下では建築がさかんに行なわれ、建築物の容積率は二倍強に増えた。

こうした整備事業は、変化に対する地方の抵抗がなかったら、さらに進んでいたかもしれない。われわれはここでニームの議員たちの例を挙げることができる。一〇〇年前、彼らはローヌの水流をひいて地域全体を潅漑するための大運河建設を拒否し、ある会社の設立を妨害した（最終的にこの会社はバ＝ローヌ・ラングドック社として、ジャン・ラムールによって一九五〇年代になって設立された）。とはいえ、第二帝政は、配水ならびに衛生状態の改善の面で、保健行政に影響するような根本的な変化を経験した。また一般水道会社のような私的事業者への業務委託システムが発達しはじめた。この会社は一八五三年、ジェームズ・ド・ロートシルト、ラフィット、ペレール兄弟、ペルシニー、モルニーといった投資家たちによって設立された。

3 産業革命

経済史家によればフランスのテイク・オフは一八三〇年頃とされるが、産業革命が生まれたのは第二帝政治下である。この時代の進歩は、あらゆる分野においてめざましいものがあった。機械化が進み、生産には技術的進歩が加わった。それだけの資本に不足はなかった。この時期に投資は倍加し、蒸気機関の出力は四倍になった。石炭の消費は三倍、鋼鉄の生産は四倍に達した。鋳鉄生産量増加のリズムもこれに劣らなかった。繊維産業も負けてはいないで、当時の経済発展に機動力として働いた。あらゆる部門で大規模生産が飛躍的発展を遂げた。工業生産指数は、一八九〇年を一〇〇とした場合、一八五三年の五一から一八六九年の七八に伸びた。

4 農業の遅れ

他の部門とくらべて農業は、それほど発展を遂げなかった。といってもそれはフランス社会において、依然として主要な位置を占めている。農業労働者は労働人口の五〇～六〇パーセントを占め、ボナパルト派の一大部隊を形成していた。もちろん農業も進歩を経験し、新技術が農村部に浸透していった。しかし小土地所有と三輪作にもとづく農業では、それほど短期間に集中方式に移行することはできなかった（ただし北部の一部の地域はのぞく）。資本の不足が投資や小農地の再編にブレーキをかけた。農業信用金庫の創設案は国務院が拒否したため役に立たなくなり、不動産銀行によってこの部門に注入された一億フランでは充分ではなかった。

それでも第二帝政はかなりの地域での排水事業（ランド、ソローニュ）や、鉄道と運河による商取引の活性化によって功績をうち立てた。こうして当初かなり劣悪だった諸条件を乗り越えて、農業生産指数は、一八九〇年を一〇〇とした場合、一八五三年の六四から一八六九年の一一四へと伸びた。

5　貿易の自由化

第二帝政期における外国との取引量は、さまざまな研究によって、三ないし四倍に増えたとされる。ナポレオン三世は、この変化を生みだした主役であった。一八五二年十二月二十五日以後、彼はただちに国家の元首がみずから関税税率を変えられるようにする元老院決議を採択させた。この分野における彼の関心の高さを早急に印象づけ、伝統的保護主義が終わるということを経済界の要人たちに告げようとしたのだ。実現は段階的になったが、「自由な取引」はこのときから日程にのぼった。輸出規制を廃止し、関税を引き下げることが（完全になくすわけではない）重要であった。だがこうした優遇措置だけでは、貿易を促進するには足りなかった。治世の第二期には、たとえば一八六〇年一月イギリスとのあいだに結ばれた条約をはじめ、自由貿易を目指す大型条約が締結された。以後、プロイセンと北ドイツとは一八六二年に、イタリア、スウェーデン、オランダ、スペイン、オーストリア、ポルトガルとは一六四年から六六年のあいだに、条約は定期的な間隔をおいて次々と結ばれていった。ナポレオン三世がいなかったら、こうしたことは何一つできなかったであろう。というのも名士や農民は、当然彼の支持者でありながら、政府のこうした野心的企てに反対したからである。皇帝は憲法上の自己の権利を十二分に駆使し、秘密交渉をふくむ通商条約に署名した。イギリスとの自由貿易条約に関して、人びとは「商業クーデタだ」とさえ言ったのである。

Ⅲ　社会

ナポレオン三世のことを話題にするとき、しばしば「帝国祭り」という言葉が、おもに共和派の宣伝において発せられる。一八七八年、ガンベッタは議会でルエールに向かって「君たちは政治家ではなく、快楽主義者だった！」と浴びせた。この嘲りは第二帝政の現実の一部しか表現していない。なぜならば宮廷の生活が華やかでも、雲上人たちが投資家たちにかこまれて祭りにふけろうとも、また皇帝自身がパレードや万国博覧会で臣下を楽しませようとしても、フランス社会の根本的現実はそれとは無縁だった。ナポレオン三世は経済を政府の第一の関心事にしたてたが、彼は自由主義国家の注意を社会問題に向けさせる企てには失敗した。

1　ナポレオン三世と社会問題

『ナポレオン的観念』から『貧困の絶滅』にいたるまで、皇位継承者時代のルイ＝ナポレオンは「社会問題」を解決したいという願望をたえず表明していた。そのために彼はしばしば強い言葉を使ったが、心中では、それによって自分は社会主義者のレッテルを要求できると考えていた（「富裕層が抑圧的でなければ、もはや貧困層は叛乱を起こさない」〔『貧困の絶滅』からの引用〕）。ナポレオン三世は青年時代の約束を果たすことができなかった。確かに彼は保守的党派出身の支持者に囲まれており、彼らは一八四八年六月の弾圧を支持したり、秩序維持の関連においてしか社会問題を管理しようとしなかった。皇帝は過去の思想を全部捨てたわけではないが、功利主義的で慎重な人間になりたいと思い、そのかぎりで理想を公言していた。個人的に寛大な彼は側近の冷淡さをこえて、皇室歳費からいろいろな実験に金を出していた（パリにおける労働者公共住宅建設とその用地買収、ロンドン万国博のためにフランス労働者を働かせるという、ナポレオン＝ジェロームのアイデアへの出費、慈善や救済事業に宛てられたさまざまな補助金など）。しかしこうした介入は確かに称賛に値するが、それらは「善行」の側面を残し、彼の善意を表現するとしても、帝政の社会的側面を変えることはなかった。

とはいえ、繁栄の果実を最大多数の人びとに振り向けなければならないと大臣や元老院議員を説得しようとした彼の願いと粘り強さは、立派な功績としなければならない。彼にとって社会問題は、「市場の見えざる手」によってたんに自動的に解決できる問題ではない。国家はそれなりの立場をもち、社会の成員すべての要求を考慮するよう、選良たちをしむけなければならない。といってそのような働きかけにおいては、偉大な魂はさして大きな位置を占めるわけではない。労働界の盛り上がりとその共和派との関係とならんで政治が、この働きかけを必要としているのだ。一八七〇年以後、プロイセン軍の捕虜となってカッセルに繋がれたナポレオン三世は、あるイギリス人ジャーナリストにむかって言った。

「この戦争はあらゆる他の近代戦争と同様、人口の多い旧ヨーロッパにおいてきわめて深刻にならざるをえない社会問題の進展を、一〇年早めることになるだろう。噂ではビスマルク氏は、そのことになんら関心をもっていないらしい。といって、王位に就いている者や国の議会にいる人間のなかで、誰が一度でも労働者の心配をしたというのか？　私だけだ、私が権力の座に復帰すれば、この問題に最も大きな関心を寄せるだろう。」

社会問題とくに極貧層の将来の問題にアプローチするには、第二帝政時代はあまりにも短すぎた。とはいえ道筋はひかれた。ナポレオン三世の個人的行動は、つねに必然的進歩の方向へと向かいつつあった。

2 不充分な社会保障

都市労働者や農民の運命はナポレオン三世の時代に、まったく変わることはなかった。それどころか政府は経済のメカニズムに介入せず、したがって市民の運命をどのように変えていくかという問題を、アダム・スミスの言葉を借りるならば「自然の成り行き」に任せた。個々人の次元で生活条件が変わるには、二〇年というサイクルは、あまりに短期すぎる。つまり厳しい条件が続いたということだ。住宅事情は変わらず、時給労働者の率はあいかわらず高く、一般労働者（全期間を通じて九パーセント）の賃金は、必須食品の全体的高騰（八パーセント）にほとんど追いついていない。

国家はきわめて頻繁な必要に迫られて、法的枠組みを変更するだけで「満足した」。しかしその変更は家父長主義的色合いを帯びたり、労働者階級に関する新たな動きをつくりだすもととなった。たとえば最貧困層への家庭内医療サービスの制度化（一八五三年）、労働者・婦人・孤児用保養所の設置（一八五五〜一八五九年）、労働者に対する貸し付け方式の実施（質屋方式、皇太子の会方式〔皇后主宰の慈善団体〕）。団結権を禁じたル・シャプリエ法[1]の廃止、裁判所の監視下におかれたストライキ権の創設（一八六四年）、雇い主の言葉だけで雇用問題を解決できることを定めた民法一七八一条の廃止（一八六八年）、裁判費用削減のためのかなりの進歩的措置、社会住宅建設促進（アルザス人ドルフュスの例）[2]などがその例である。一八六九年、ナポレオン三世は、労働者手帳[3]を廃止することを明らかにした。しかし一年後の一八七〇年の戦争で、彼は動きがとれなくなり、手帳は第三共和国によって以後二〇年間存続させられた。

（1）議員で主唱者のル・シャプリエ（一七五四〜一七九四年）の名でよばれるが、正式には「同一の身分、職業の労働者および職人の集合に関する法」という〔訳註〕。
（2）一八五三年、ジャン・ドルフュスらはアルザス南部オー＝ラン県ミュールーズ市に、ニューラナークにならった労働者社会住宅建設を開始した。これによって建てられた家は一八五五年の二〇〇戸から一八九五年の一二五〇戸に達した〔訳註〕。
（3）労働者手帳はナポレオン一世時代の一八〇三年に公文書として使われはじめた。労働者はさまざまな機会にこれを提示し、厳密な時間制を守らなければならなくなった〔訳註〕。

経済分野では、ナポレオン三世の著作は現代フランスの礎としてとらえられるかもしれない。しかし彼の事業は、時間の不足と自由主義原理に対する過大な畏敬の念とによって未完成に終わった。いずれにせよ帝国失墜時には、フランスはもはや七月王政末期のフランスとは似ても似つかないものとなった。君主の行動は、たくさんの過激な変化を可能とした。だが歴史もまた進む。共和派の台頭、労働者意識の覚醒は、特権階級の保守主義と衝突した。結局労働者は、みずから運命の舵を取り、変化のリズムを規制しようということになった。一八六四年、国際労働者協会（第一インターナショナル）が生まれ、フランスでその支部を広げた。「団結権」がいくたびとなく行使され、長時間労働と低賃金に対する抗議がますます頻繁になされるようになった。「労働者階級」はさらに要求をつづけた。一八六九年から一八七〇年は、おおいなる要求の年となった。軍隊が介入した（リカマリー〔サン＝テティエンヌ南西の旧炭坑町〕では一三名、オーバン[1]では一四名の死者が出た）。インターナショナルの責任者たちは法廷に召喚され、皇帝の実践面における曖昧さが証明された。他方、共和派の味方を得て、労働運動はますます大規模になった。第二帝政が生き残っていたとしたら、制度面だけでなく経済的・社会的領域でも改革されざるをえなかったであろう。

（1）ミディ＝ピレネー圏アヴェイロン県の町。リカマリーとともにストライキが軍隊によって弾圧された事件で有名。これらの事件についてヴィクトル・ユゴーは次のような一文を書いた。

ルベ、オーバン、リカマリ、どこへ行っても腹ぺこだ
フランスは欠乏と恥辱でやせ細る
貧しい労働者がましな生活を求めると、
暗闇から大砲が出てきて、彼に話しかけてくる〔訳註〕。

第十章　一八七〇年戦争とナポレオン三世の失脚

第二帝政は一八七〇年の敗北によって消滅した。この災厄によりパリ・コミューンが起こり、アルザスとモーゼル（ロレーヌ地方）はドイツに併合され、国は分裂するにいたった。だが今や普仏戦争における第二帝政の責任を分析をしても、現代の共和制から見れば、プロイセンとの戦争に巻きこまれた第二帝政の責任を〔政治的〕プロパガンダに負わせる必要は存在しない。したがって歴史家はナポレオン三世に対してそれほど厳しくはないし、台頭するヨーロッパの強国プロイセンとの戦いを受け入れるにいたった事情をより正確に理解しようと努めることができる。

一八七〇年の戦争を否定的にとらえれば、ビスマルクの巧妙な戦略に直面して決定をくだせず、政権の座に留まりえなかったナポレオン三世の無能ぶりが描かれるのである。

I　強くて脆い帝国

一八七〇年、ナポレオン三世はおおいに変わった。六十二歳の彼は「病気がちな老人」となった[1]。猛烈な痛みを起こす胆石に蝕まれ、彼はなお統治に適した人間だったろうか？　おそらく彼は皇太子の即位を準備している摂政にバトンを渡すこともできたかもしれない。後年ウジェニーは、夫婦そろって退位し、ナポレオン四世に譲位するときを一八七四年と決めていたことを明らかにしている。だがさしあたり皇帝は、帝国が自分の力で保たれていること、そして進歩派と保守派の内紛にとって自分が最良の調停役であることを承知していた。彼は密かに苦しみ、麻薬によって苦痛と戦い、小康状態において政治的選択の管理をする道を選んだ。権力を皇后に委ねたならば、改革の歩みを停滞させることとなるだろう。しかるに改革は、必要不可欠になっていた。一八六九年の選挙は共和派の伸張を確認していた。共和党に多数の票を投じなかった都市は、ごくわずかだった。経済的発展は人口の一部にしか繁栄をもたらさなかった。またそれによって労働者の数、つまり共和派的思想に染まりやすい人が増えた。つまり国民の支持を失わないためには、改革をつづけなければならない。ナポレオン三世は帝国が改革によってしか存続しえないと確信していた。この修正の意志を体制の歩みのなかに厳粛に織り込んでいかなければならない。それこそは、一八七〇年の国民の要求に対して与えなければならない一つの方向だった。彼は自分の正統性に活を入れ、二重の警告を発するために、ボナパルティスムという処方を使った。すなわち議会主義者には権力と国民の信頼の中心はテュイルリーにあるということを思い起こさせた。さらに秩序派には、改革は不可逆的であるとしてそれを金科玉条とした。政権のトップにエミール・オリヴィエをおいたことのリスクは制御可能であった。かつての反対派オリヴィエは、もうずいぶん前から帝政に対して真剣に協力するようになっていた。敏腕な政治家として、彼はきわめて保守的な人間さえも安心させることを狙って実際的に行動した（ヴィクトール・ノワールの葬儀におけるロシュフォールの逮捕やストライキに対する軍隊の介入など）。

（1）一八七〇年春、イギリス人の友人マルムズベリーは一〇年ぶりで再会したナポレオン三世を見て「ひどく変わって、かなり重い病気にかかっているようだ」と言っている。【3】四五〇頁〔訳註〕。

一八七〇年五月、皇帝は国民投票において、帳尻を合わせた。七三〇万人の国民が「ウイ」と投票して皇帝支持を確認した〔本書九〇頁〕。一八六九年の官選候補者によって得られた得票数は、都市部の不満をよそに改善された。この国民投票は皇帝の勝利であった。賛成票が多く、投票は正しく行なわれたため、ナポレオン三世の支持は現実を反映していると考えられた。

このときから強化された帝国は、「喝采のなかで死」ねるようになった。

Ⅱ　避けがたい戦い

第二帝政に関する史論を集めた雑誌『近現代誌』の有名な号（一九七四年）で、モーリス・パズは一八七〇年の戦争をテーマとしてモンテスキューの一文を引用している。「戦争の真の仕掛け人は、開戦を宣言した人間ではなく、戦争を必要とした人間である。」この言葉を引用したパズは、普仏戦争がサドワ以来不可避であったし、オットー・フォン・ビスマルクは戦争勃発のためにあらゆることを行なったと述べた。

一八六六年のサドワの戦いとオーストリアの崩壊以来、大陸の二つの強国がヨーロッパの覇権を争って戦っていた。フランスとプロイセンである。前者はクリミア戦争以来取り戻した地位を確保したいと願った。一方、後者の目的はもっと大胆で、自国を中心としたドイツ統一である。これを達成するうえで武力衝突ほど格好のものはない。戦いが起これぱドイツとその宿敵の一つフランスとは相まみえ、連邦を形成しやすくなるであろう。普仏戦争史の専門家フランソワ・ロートは言う。「全ドイツにおいて、ナポレオン三世はナポレオン一世の継承者であり、それゆえ傲慢で軽薄なフランス国民と同様評判が悪く、たっぷり思い知らせてやらなければならない人間であった。」帝政再建以来プロイセン王はフランスに対して挑戦的な姿勢を見せていた。一八五二年、ヴィルヘルム一世の先代フレデリック＝ヴィルヘルムは、一八一五年体制の連合国に対してナポレオン一世の後継者に対決するため、防衛同盟をつくることを提案したことがあった。しかしロシア、イギリス、オーストリアのいずれも、「チップ外交」にのせられて反仏感情を高ぶらせることはなかった。彼はライン左岸に対するフランスの野望を阻止しなければならないとさかんに言いふらさなければならなかった。ビスマルクはその『回想録』において、「私は戦争は必然だと考えていた」とうち明けている。一八六八年首相である彼は側近に、「紛争は差し迫っている」と明言した。勝てば（彼は勝利を確信していた）統一が進むだろう。有事の第一段階でビスマルクが成功を収めるためには、フランスを孤立化させなければならない。そこでプロイセンはまずロシアに接近し、ついでオーストリアとイギリスを中立化させなければならない。この点では、彼は運命の流れに逆らう必要はほとんどなかった。フランスの政策がベルリンで操作されるかぎり、ことは彼に有利に進んだ。

ナポレオン三世はビスマルクやヴィルヘルム一世の意図を知らないわけではなかった。しかしこの数年来の不安な健康、鬱状態が、外交政策によって得られた自信と重なって判断を狂わせる道に彼を引きずり込んでいった。イギリスはフランスから領土要求がなされたことを許さなかった。イタリアは、かつて自国を裏切った国を救うために、生まれたばかりの統一を危うくする気はなかった。ロシアはポーランド危機のさいフランスがとった挑戦的態度を忘れていなかった。オーストリアは、メキシコにおける皇帝マクシミリアンの悲劇にもかかわらず、フランス支持の態度を取りえたかもしれない。だがオーストリア＝ハンガリーという二重の王国の建国（一八六七年）と内政改革を成功させるには、平和が必要だった。ナポレオン三世は一〇年間で八回外相を代えた（一八五二年から六〇年までは二回）が、それは彼の信念の揺らぎを証明していた。

一八六八年、プロイセンとの衝突が近づいたのを感じた皇帝は、ニエル元帥に、フランス軍の大規模な改革を提案することを許した。戦争大臣は前線の部隊を再編し、兵役免除者と代用隊員からなる遊動隊をもって兵力を倍増することを提案した。さらに兵役期間を七年から五年に短縮し、代わりに予備役の期間を延長し、かつ代役の起用をしにくくすることでその分を補強する案を示した。しかし名士たちの抗議と農民階級からの不満に勢いづいた立法院がこの案をゆがめ、結局、従来の組織を残すこととなった。ある議員は「われわれは皇帝の望みどおりの投票をせざるをえない。しかしわれわれはそれを調整し、適用不可能にするだろう」と語った。つまりフランス軍はあまり近代化されず、第一帝政時代の軍の基本的特徴を温存した。ナポレオン三世は軍事力を革新する機会を逃した。翌年、彼はそれを後悔することになるのである。

Ⅲ　戦争への道

フランスの国民投票の結果に、ビスマルクはがっかりした。ナポレオン体制はかえって強化され、外務大臣にはグラモン公爵が任命されたが、これはフランスがオーストリアとの同盟を特別扱いしている証左であった。実際グラモンはオーストリア大使の経験があり、プロイセンに対する敵意を隠そうともしなかった。したがって一刻も早く紛争を起こさねばならないのに口実が欠けている。だがそれはまもなく生まれた。ビスマルクはここぞとばかり外交手腕を発揮する。

スペイン女王イサベル二世はプリム元帥に追われ、王位は空位になっていた。一八七〇年七月三日、プロイセン王の遠縁にあたるホーエンツォレルンのレオポルド皇子は、スペイン王位に立候補することを受け入れた。これを聞いてパリでは、世論と新聞が色めき立った。「カール五世の帝国を再建させる」なんてとんでもない、それではフランス帝国を強国ドイツに「包囲させる」ようなものではないか。レオポルドの立候補を準備したプロイセンの内閣の手口は批判され、とくにロンドンではフランス人の嘆きはもっともだと考えられた。七月六日、グラモンは立法院にこの立候補がフランスにとって脅威であること、もしこの脅威が取り除かれないなら、政府は「ためらうことなく強硬に義務を果たさなければならない」と宣言した。在プロイセンのフランス大使ベネデッティがヴィルヘルム一世のもとに派遣され、危機的状況は治まったかに見えた。しかしそれはビスマルクと、ナポレオン三世の周囲にいる一部の石頭たちを考慮しない見方だ。実際グラモンは、プロイセン王がレオポルド立候補の決定的放棄を確約すると厳粛に宣言することを要求した。七月十三日、ヴィルヘルムはかなり丁重に、しかし断固としてこの追加の約束をすることを拒否した。ビスマルクはこの拒絶を大々的に宣伝し、追い打ちをかけるようにコミュニケを流した(有名なエムス電報事件)、そのなかで彼はわざわざ「陛下はフランス大使にこれ以上会うことを拒まれ、『伝令官を通じて』大使と連絡しあう必要はもう何もないと仰せられた」と書いた。のちにビスマルクがうち明けたところでは、「ガリアの牛に赤い布を見せる効果を生みだす」ためだった。パリではこの電報は耐え難い挑発と解釈された。七月十五日、立法院では軍事国債の発行が可決された。七月十九日、フランスはプロイセンに開戦を宣言し、攻撃態勢をとったため、他のヨーロッパ諸国から切り離されることとなった。議会では平和主義者エミール・オリヴィエが演説をしたが、これがもとで彼は共和派の歴史家たちから非難されることとなった。戦争に言及した彼は、自分と政府内の同僚は、戦争を「軽い気持ちで、つまり後悔で重苦しくならないという気持ちで受け入れる。なぜならばわれわれが始めるこの戦争を、われわれは耐え抜くからだ」と述べた。のちに人びとはこの「軽い気持ちで」という言葉をとりあげ首相を倒したのである〔議員の驚きのつぶやきを聞いてオリヴィエはただちに訂正したが、人びとは忘れていなかった。参考文献【3】四六七頁〕。

Ⅳ ナポレオン三世は戦争を望んでいたか？

フランスとプロイセンのあいだの緊張が高まったとき、ナポレオン三世はその態度から戦争を望んでいないことは明らかだった。いよいよ紛争が避けられないとなったとき、メッテルニヒ公妃(1)は彼が「怖がって」いるように感じた。彼は（フランス人ソフテル大佐から報告を受けて）プロイセンの軍事力とニエル法によって不充分に再編された自軍の欠陥をともに知っていた。イタリア戦争では痛ましい光景に衝撃を受けた経験もある。さらに彼は、自分の健康状態と、病気の性質についても知っていた（といってもそれは耐えなければならない激痛を通してでしかなかったが）。つい少し前、危険だが快復の望みをつなぎうる唯一の手術を、彼は拒んだばかりであった。不幸にも皇帝は、側近と、戦争を望む世論とによってずるずると引きずられてしまった。

（1）ポーリーヌ・クレメンティーヌ・マリー、一八三六〜一九二一年。有名な外交官メッテルニヒ伯爵の孫娘。第三帝政権威主義的ボナパルティスト（たとえばルエール、カサニャック、ダヴィッド、デュヴェルノワなど）にとって、戦争は国を奪いとる好機だったろう。だからこそ彼らはナポレオン三世に戦いの道をまっしぐらに進ませた。皇后もまたその力量に応じて（それがなかなかのものだった）彼らに加勢をした。彼女の考えでは息子の帝位は、強力な体制によってしか保障されない。一八七〇年の危機のあいだ、オーストリア大使メッテルニヒは政府に打電した。

「フランス皇后の好戦気分いちじるしく高く、余は彼女をいささか揶揄したい気分を抑えきれず。」

保守主義者たちは、戦争はエミール・オリヴィエと縁を切るチャンスと見ていた。彼らに言わせればオリヴィエは、根っからの平和主義者であまりにリベラルにすぎた。立法院ではマムルーク騎兵隊と呼ばれる極右の人びとが、戦争を呼びかけていた。グラモンは彼らに屈し、ナポレオン三世を騙し、ヴィルヘルム一世からスペイン王位継承権を放棄するよう正式の約束をとりつけるよう急がせた。

エムスの電報について言うならば、この新聞向け電報は、政府がその正式な写しを受け取る前から、フランスにとってきわめて侮辱的なものと見なされていた。ケリをつけたがっている「愛国者」たちの怒りを高めたのは、外国の新聞に載った記事から内容を知ったからである。ベネデッティ大使はパリにいながら一八七〇年七月十五日の閣僚会議に招かれず、「伝令官」の件について証言することさえできなかった。それでも彼は、懸命に事の次第を伝えようとした。人びとは彼を簡単に問いただしたが、話を三分の一程度聞くだけで終わった。政府内の会合のさい、皇帝はまずはっきりと自分は戦争に反対であると宣言した。それから徐々に妥協し、グラモンの策動に同意した。(1) ナポレオン三世は紛争解決のため、ヨーロッパ会議を開催することを望んでいたが、皇后、軍人、反オリヴィエ派はその考えを翻させることに成功した。

（1）グラモンはプロイセン大使ヴェルターに、ヴィルヘルムから皇帝に宛てて「今後一切フランスの害になるようなことはしない」旨の手紙を書かせるように勧めた。ヴェルターはこの申し出を断ったが、話の内容をヴィルヘルムに知らせた。参考文献【3】四六四頁〔訳註〕。

オルレアン派と穏健共和派に属する若干の新聞をのぞいて、好戦派の策略に乗せられた新聞は、自尊心を傷つけられた国民の思いをこめて高々と進軍ラッパを吹き鳴らした。

無数にある呼びかけのなかから、『ペイ』紙のカサニャック〔グラエ・ド、一八四二〜一九〇四年。ボナパルティスト、決闘主義者。日刊紙『ペイ』の記者〕によるもの（「ナポレオン三世の政府は、ナポレオン四世の政府が転ばないように、道の石ころを全部どけておくべきである」）と、エミール・ジラルダンの檄（「われわれは銃の台尻でプロイセン人を小突いて戦わさなければならない」）を挙げておこう。官報の戦争への呼びかけは、まもなく国民に対して少なからぬ効果を生んだ。エムス電報事件が知れわたると、道路は「マルセイエーズ」や「ベルリンへ！」を歌う群衆で覆われた。

ナポレオン三世は戦争を望んではいなかった。ただ巻き込まれたのである。健康状態と衰えつつある気力のゆえに、彼はそれまでのような明察をもってフランス＝プロイセン間の問題を制御することができなくなった。彼はビスマルクが、自分よりも忍耐強く、奸智に長けていることをすでに知っていた。

皇帝の戦争は短期間で決着がついた。ナポレオン三世は政治的な義務と必要から軍隊の指揮をとることを決意した。一八七〇年七月二十八日、皇太子を同行させた彼はサン＝クルーを発ってメッスに向かった。肉体的にも技術的にも作戦を立てることができなくなって、彼は自軍が潰走するのをただ見守るばかりであった。もはやパリの出来事についても手を打つことができない。議会から臨終を宣告されたオリヴィエ内閣は、八月九日に倒れた。それに代わった北京の勝者パリカオ伯クザン＝モートーバン将軍[1]も権威主義的ボナパルティストの集団によって、倒された。戦闘に加わるよう他の大国に呼びかけて説得しようとする努力もむなしかった。アルザスでもロレーヌでもフランス軍は敗北に敗北を重ねた（シュピヒェレン、ヴェルト、ナンシー、ボルニー、ルゾンヴィル、サン＝プリヴァ、等々）。シャロンで、ナポレオン三世は部隊の改革を決断した。皇后はパリにもどり、皇帝はムーズ河に沿って北に進んだ。九月一日部隊はスダンで包囲された。何度かむなしい突破を試みたうえ、皇帝は流血をくい止めようと考え、八万四〇〇〇名の兵士とともにプロイセンの軍門に降った。

（1）一七九六〜一八七八年。太平天国の乱（一八五一〜一八六四年）においてイギリス軍とともに活躍した将軍。パリカオは北京近郊の八里橋のこと〔訳註〕。

一八七〇年九月三日、スダンの降伏のニュースはパリに届いた。翌日ブルボン宮は群衆によって侵入され、皇后は退位することなく首都を離れた。三週間前ナポレオン三世によって指名されていたオルレアン派のトロシュ将軍が国防政府の首班の座についたが、ときすでに遅く、パリ市庁舎ではガンベッタが共和国を宣言していた。

スダンの降伏以後ナポレオン三世は、半年間君主にふさわしいあらゆる敬意をもってカッセル近郊ヴィルヘルムスヘーへの城に幽閉された。この新たな亡命生活の前半においては、かつて叔父がセント＝ヘレナ島で味わったような苛酷な生活の片鱗もなかった。むしろ健康は、この強制された休息によって改善さえした。フランス国民は自分に対して愛着をもっているし、いったん平和がもどれば彼らは自分が公務に復帰することを受け入れてくれるだろう、そう彼はずっと信じていた。しかし潰走からフランクフルトの和平〔フランクフルト講和条約、一八七一年一月〕、コミューンとつづくなかで彼の最後の幻想は消えていった。

権力に逃げられたボナパルト一族は、臨時政府によってあらゆる国民的災厄の元凶とされた。その一方、プロイセンは皇帝のために動こうと試みた。が、彼はビスマルクが領土の譲渡と交換に提案した和平を拒否した。一八七〇年八月末、ビスマルク首相は公然とアルザスとロレーヌの一部併合を口にしはじめた。さらに皇帝はメッスに閉じこめられているバゼーヌ隊を使ってパリに向かい、権力を奪回できそうだという噂を流した。カッセルの虜囚は、すでにイギリスに逃れた妻ウジェニーに宛てた手紙で、国家よりも帝室が優先すると見られるようなことは、一切してはならぬと厳しく命じていた。メッスの降伏は皇帝一家の希望に激しい打撃をあたえた。皇帝の側近と皇后ウジェニーを分かつ深い溝もあいまって、以後ボナパルト派が考える計画の大半は実行不可能なものになってしまったからである。

一八七一年三月、ナポレオン三世は、イギリス、つまりおなじみの（と思わず書いてしまいたくなる）亡命先へと向かった。カッセルを離れるとき、彼はコミューンが始まったことを知り、無政府主義がフランスを脅かしている以上、ときがくれば国が自分を救済者として見直すかもしれないという思いを強くした。ロンドン郊外南東部の町チズルハーストで、皇后と皇太子に合流、ここで一家は、ミス・ハワードの友人たちの用意してくれた田舎家を自由に使うこととなった。少人数だが華やかな取り巻きに囲まれ(部下二〇名、召使い約三〇名)、彼らはテュイルリーなみの雰囲気とマナーを取り戻そうとつとめた。ヴィクトリア女王もフランス皇帝一家が安楽と敬意を享受できるよう、努力を惜しまなかった。彼女は何度か「隣人」を訪れた。

ボナパルト家再興の日を夢見つつ、ナポレオン三世は、復活の準備のためばかりでなく、過去の行動を正当化するためにせっせとものを書いた。滞在したての頃、週に何千通も支持の手紙が届いた。一方で、彼は十五歳を迎えたばかりの皇太子の教育に格別の注意を払った。

一八七一年一月二十八日、フランスでは休戦協定が調印された。二月にプロイセンの占領軍のもとで選挙が行なわれ、ボルドーにある議会に二〇名ほどのボナパルティストが入った。棄権が多く、それが皇帝側に不利に作用したのかもしれない。選挙民は保守派を増やし、共和派の一部を落とすことによって、平和を望んだ。三月一日、王党派に牛耳られる新「秩序派」はナポレオン三世の廃位を七六〇票対五票で可決させた。三月六日、皇帝は「フランス国民に対する声明」を発表し、そのなかで制度と体制の問題を解決するための国民投票をすることを訴えた。ジェローム・ナポレオンとルエールが「ボナパルト党」らしきものをつくりかけ、親帝政派の新聞と冊子が再び現われだした。彼らの最初の目標は、戦争支持にまわりながら現政権に居座っている者を非難したり、過去の政治の名誉回復をはかったりすることで一八七〇年の大敗を忘れさせることだった。しかしパリから入って来るニュースは芳しくなかった。ティエールはコミューン制圧に成功し（しかも何と激しく弾圧したことか！） 当時ブルボン派は、正統派にはシャルル十世の王位を、オルレアン派のためにはルイ＝フィリップの王位を取り返したいと願っていた。一八七二年十一月、ティエールは、自分が共和主義の道を選んだことを明らかにした。

それでもパリ帰還への計画が立てられた。フルリーとともにいつになく元気になったジェロームが所有するスイスの土地プランジャンからなら（かつてエルバ島から叔父が行く先々で守備隊を率いつつ帰還したように）、竜騎兵隊の戦闘に立ったナポレオン三世がパリに向かって進めるかもしれない。この作戦の実行は一八七三年三月を予定していた。しかし彼は、他のいかなる計画よりも優先して、またしても悪化しはじめた健康を考えなければならなくなった。

ヴィクトリア女王は、ナポレオン三世に仕えさせるために自分の主治医を送った。それに膀胱の病気の専門医が付き添い、二人は患者を著しく苦しめている石を砕いて出す手術を施すことにした。最初の手術は一八七三年一月二日に行なわれた。数日後二度目が行なわれた。一月九日、三度目の治療が実施されなければならなくなったとき、ナポレオン三世は昏睡状態に陥り、永眠した。

一八七三年一月十五日、最後の皇帝の葬儀が英仏海峡を渡ってきた数千人の人びとを集めて執り行なわれた。一八八八年、ナポレオン三世の遺体は、ウジェニーの命令で建てられたファーンバラの教会に移された。彼の墓標のそばには、一八七九年にイギリス軍の制服を着てズールーランドで戦死した皇太子の墓がある。[1] 同じ頃ボナパルト派の分裂と共和派の勝利が、いかなる新帝国再興の企てをも不可能にしてしまった。

（1）一八七九年、ナポレオン四世は、南アフリカのイギリス部隊に入隊することを切望し、許されて戦地に赴いたが、ズールー族のゲリラ部隊に襲われて戦死した〔訳註〕。

年譜　ナポレオン三世とその時代

Ⅰ　権力奪取まで

一八〇八年　ルイ＝ナポレオン・ボナパルトの誕生。
一八一五年　ワーテルロー（七月）以後最初の追放。
一八二〇年　アレネンベルクに落ち着く。
一八二七年　一八二〇年来付き添ってきた家庭教師フィリップ・ル・バ退任。
一八三〇年　七月革命。ルイ＝ナポレオン、スイス軍に入隊。ローマから追放される。
一八三一年　ナポレオン兄弟、イタリアでゲリラ戦。兄ナポレオン＝ルイ死亡。イギリスへ亡命。
一八三二年　『政治的夢想』発表。ナポレオン二世死亡。引き続きイギリス滞在。
一八三四年　『砲術入門』発表。
一八三六年　ストラスブール事件失敗（十月三十日）。アメリカに亡命。
一八三七年　ヨーロッパに帰還。母オルタンス王妃死亡。
一八三八年　再度イギリスへ亡命。
一八三九年　『ナポレオン的観念』発表。
一八四〇年　ブーローニュ遠征の失敗（八月六日）。終身刑を受け、アムの城塞に幽閉される。
一八四四年　『貧困の絶滅』発表。
一八四六年　アムより脱獄（五月二十五日）。父ルイ、オランダ王死亡。
一八四八年　二月革命。ルイ＝フィリップ失墜。選挙、ルイ＝ナポレオン辞職、再度の選挙。

Ⅱ　大統領時代

一八四八年
九月二十五日　国民議会に登院。

十月十一日　ボナパルト家追放に関する法律の廃棄。
十二月十日　共和国大統領選挙に当選。
十二月二十日　宣誓。バロ（首相兼法務大臣）内閣の成立。
一八四九年
五月十三日　新議会の選挙。
三月～九月　ローマ事件。
十月三十日　バロ更迭。新政府成立。
一八五〇年
三月　部分選挙に共和派進出。
五月三十一日　選挙法。
夏　プランス＝プレジダン地方行脚。
一八五一年
一月十日　シャンガルニエ罷免。
一月二十四日　新政府の組閣
四月十日　再度の政府変更。
七月十九日　憲法改正案不採択。
七月三十一日　サン＝タルノー（戦争大臣）、パリに赴任。
十一月十二日　選挙法改正案、国民議会にて否決。
十二月二、三、四日　クーデタ。

Ⅲ　帝国

1　内政

一八五二年
十二月二日　帝国復興。
十二月二十五日　元老院、皇帝に対し追加的権限を認める。

十二月三十日　検閲強化に関する政令。

一八五三年

一月二十日　ナポレオン三世、ウジェニー・ド・モンティジョと結婚。

一八五四年

六月十四日　教育関連法（七月二十四日）ついで労働者手帳に関する法。

十一月　国債公開市場に出される。モルニー、立法院議長となる。

一八五五年

四月二十八日　ピアノリによる皇帝暗殺未遂事件。

五月　パリ万国博覧会が開かれ、十一月までつづく（訪問者数五〇〇万）。普通選挙による市議会議員選挙法（パリとリヨンは除く）。

一八五六年

三月十六日　皇太子誕生。

一八五七年

四月二十九日　立法院解散。新たな選挙が六月に行なわれ、反対派は投票数の一〇パーセント。共和派議員七名選出される。

一八五八年

二月　オルシニ事件以後、一般安全法。

一八六〇年

十一月　両院に請願権があたえられる。

一八六一年

十二月　立法院の財政的権限増加。

一八六三年

五月　立法院選挙。公式候補者五四〇万票に対し、野党二〇〇万票。

一八六四年

一月十一日　必要な自由に関し、ティエール講演する。

五月二十五日　労資協調法、ストライキ権を認める。

一八六六年

三月　閣僚たち、皇帝の自由主義的政策を非難。立法院による自由主義的改革の提案を拒否。

一八六七年

一月　ナポレオン三世、新たな改革を発表。エミール・オリヴィエと接近。

三月　元老院の権限増大。

四月〜十一月　パリ万国博覧会。

一八六八年

五月十一日　新聞法。

六月六日　集会法。

一八六九年

五月　立法院選挙。与党四四三万八〇〇〇票、野党三三五万五〇〇〇票。

六月　ストライキ運動のさい、軍隊が民衆に発砲。

七月　ナポレオン三世新改革を発表。

九月八日　自由主義改革に関する元老院決議。

十二月二十七日　ナポレオン三世、オリヴィエを呼び、一週間後に組閣。

一八七〇年

一月十日　ヴィクトール・ノワール殺される。

四月　皇帝の権限に関する元老院決議。

五月八日　改革に関する国民投票。登録者の六八パーセントが賛成。

五月二十一日　自由主義的帝国を目指す元老院決議。

2　外交関係

一八五二年

十月九日　皇帝、ボルドーの講演で「帝国とは平和なり」と述べる。

一八五三年
九月　ニュー・カレドニア占領。
一八五四年
三月二十七日　対ロシア宣戦布告。
六月　フランスとその同盟国イギリス、ギリシアを占領。
九月二十日　アルマの戦い。
十二月　フェデルブ、セネガルの長官になる。
一八五五年
九月十日　セバストポリ陥落。
一八五六年
二月二十六日～三月三十日　パリ会議。
一八五七年
十二月　英仏、中国へ介入。
一八五八年
一月十四日　オルシニ事件。オルシニ、三月十三日処刑される。
七月二十一日　プロンビエールにてナポレオン三世とカヴール会見。
一八五九年
一月　フランス=サルデニア同盟。
二月　サイゴン占領。
四月　スエズ運河建設工事開始（一八六九年十一月開通）。
五月三日　オーストリアに宣戦布告。
六月　マジェンタ（四日）、ソルフェリーノ（二十四日）において勝利。
十一月十日　チューリッヒ条約〔オーストリアよりロンバルディアを割譲されたフランスは、さらにそれをサヴォワに譲渡する〕。

一八六〇年
一月　イギリスと通商条約。
三月　ニースとサヴォワ、フランスに譲渡される。
七月　フランス軍、シリア占領。
一八六一年
十月　イギリスとスペインの了承のもとでメキシコ介入決定。
一八六二年
三月二十九日　仏露通商条約。
五月五日　プエブラの会戦。
六月　コーチシナ〔ヴェトナム南部〕、フランス領となる。
十月　ナポレオン三世、南北戦争に仲介を提案。
一八六三年
四月　フランス、カンボジアを保護下におく。
一八六四年
六月　オーストリア王子マクシミリアン、メキシコに到着。
一八六五年
十月　ナポレオン三世、ビアリッツでビスマルクと会見。
一八六六年
七月三日　オーストリア軍、サドワの会戦でプロイセン軍に大敗。ナポレオン三世、中立と引き換えにライン左岸、ついでリュクセンブルクとベルギーのみを要求するも、結局得るところなし。
一八六七年
二月　メキシコから撤退。
六月十九日　マクシミリアン処刑される。

3 時代と社会

一八五二年 不動産銀行ならびに動産銀行設立。鉄道施業権の民間資本への第一回譲渡。

一八五三年 ヴィクトル・ユゴーの『懲罰詩集』。一般水道会社設立。調停委委員法。退職公務員年金基金（国内で五万人）。

一八五四年 オスマン、セーヌ県知事に任命される。深刻なコレラの蔓延が始まる（犠牲者一五万人）。ルイ・パスツール、リール大学第一回理学部長に就任。第一回国債の公募。

一八五五年 パリ大規模工事法。

一八五六年 ナポレオン三世の私費にもとづくパリ労働者住宅建設。

一八五七年 フロベール、『ボヴァリー夫人』刊行。市役所のバザー発足。鉄道二社統合してPLM（パリ、リヨン、マルセーユ）鉄道会社を設立。シャルル・ボードレール『悪の華』検閲。

一八五八年 ベルナドット・スビルー、最初のマリアの幻影を見る。オフェンバッハ、ブッフ＝パリジャン座にて成功を博す。

一八五九年 ベッセマー転炉使用開始。商工銀行設立。

一八六〇年 ボルドー＝ブラジル間航路開通。最初のガソリン・エンジン車。イギリスとの自由貿易制。

一八六一年 最初の女性バカロレア合格者。ストラスブール、ケール鉄橋竣工。ベルギーとの自由貿易開始。パリ、オペラ座起工。南北戦争開始。

一八六二年 モルニー、ドーヴィル市建設。ヴィクトル・ユゴー『レ・ミセラブル』発表。プロイセンと自由貿易。

一八六三年 ジュール・ヴェルヌ『気球に乗って五週間』発表。パン製造業者に対する統制廃止［パン製造業に対する規制はこのときの政令によって廃止されたが、国家的補助金の支給と引き換えに、非公式の課徴金制度が一九六〇年まで存続した］。クレディ・リヨネ創立。

一八六四年 ピエール・ラルースの最初の『辞典』発行。製鉄委員会発足。

一八六五年　国際労働者協会（第一インターナショナル）。場内馬券制度開始。デパート・プランタン創業。銀行小切手制度導入。パリ、コレラで五〇〇〇人死亡。

一八六六年　ジャン・マセ、フランス教育連盟を結成。デパート、薬局共済組合、労災予防金庫等がはじまる。

一八六七年　オッフェンバッハの『パリの生活』上演。

一八六八年　女子教育に関する法律（初等、中等）。新聞印刷に輪転機導入。株式会社結成に国の許可不要となる。

一八六九年　競輪始まる。高等実業学校制度発足。第三回国際労働者協会（第三インターナショナル）会議、ブリュッセルにて開催。

一八七〇年　大西洋横断電信ケーブル敷設。ダンロップ社による気送官免許登録。フランス、鉄鋼一〇〇万トン（一八五八年の五倍）を生産する。名高い連続殺人鬼トロップマン（一家八人皆殺し）公開処刑される。デパート・サマリテーヌ開店。

4　帝国崩壊

一八七〇年

七月二日　レオポルド、スペイン王候補となる。

七月十二日　レオポルド、立候補断念。

七月十三日　エムス電報事件。

七月十九日　プロイセンに宣戦布告。

七月二十八日　ナポレオン三世、陣頭に立って出陣。

八月　ヴィセンブルク、フォルバッハ、メッス周辺等で会戦。パリ、オリヴィエ内閣倒れる。パリカオ、新政府結成。

八月三十日～九月二日　スダンの戦い。ナポレオン三世捕虜となる。

九月四日　共和国宣言。トロシュ将軍の臨時政府誕生。

九月五日　ナポレオン三世、ヴィルヘルムスヘーへに到着。

一八七一年

三月十九日　イギリスへ出発。

一八七三年

一月九日　ナポレオン三世死去。

訳者あとがき

一八五二年十二月はじめ、英仏海峡のイギリス領といってもフランスに近いジャージー島に一年近く住みつづけた文豪ヴィクトル・ユゴーは、『懲罰詩集』に次のような一節を書いた。

私は亡命生活に甘んじる、たとえ永劫の責苦にせよ、
もっと強いはずだった男が屈したとしても、
踏みとどまるべき人びとが行ってしまおうとも、
人のことはどうでもよい、私の知ったことではない。

もしあと千人になったとしても、よし！　私は残ろう。
あと百人になったとしても、なおシルラに刃向おう、
十人残ったとしたら、私は十番目に名を連ねよう、
もし一人だけ残るとしたら、それこそはこの私だ！

アンドレ・モロワ『ヴィクトール・ユゴーの生涯』（辻昶／横山正二訳）

シルラ（ラテン語ではスッラ）とは平民派を弾圧したことで有名な古代ローマの独裁執政官である。ユゴーはこれを、前年強引な国民投票で大統領から皇帝にのしあがったシャルル＝ルイ＝ナポレオン・ボナパルトすなわちナポレオン三世になぞらえ、みずからを若きカエサルになりすましてこれを糾弾したわけである。前年クーデタで終身大統領になった「小ナポレオン」によって島に逐われたユゴーの反骨精神は、一年間の亡命生活でいささかも衰えてはいなかった。

本書は、波乱に富んだそのナポレオン三世の一代記である。文豪から非難の矢を浴びたナポレオン三世という人物は、従来フランス史のなかでもかなり影の薄い存在として知られてきた。それも道理、三世といっても大ナポレオンの孫ではなく、ジョゼフィーヌの連れ子オルタンスと、弟のルイ・ナポレオンとのあいだに生まれた叔父甥の関係でもあり、しかも母親に似て奔放なオルタンスだから息子の父親がルイであったかどうか確認はされていない。ということは、ナポレオン一世とはまったく血のつながりがないことも考えられるのだ（他方、ナポレオン自身が父親だという説もある）。そのいわば日陰者的三世が、どのようにして皇帝にのし上がったかということは本書の前半で語られているとおりである。

だが、ナポレオン三世がフランス人あるいはフランス史のなかで不人気だった理由は、その出自や皇帝即位まで、あるいはそれ以後の政治において発揮された強引な手法だけにあるのではない。一八年間という当時としてはまれにみる長期政権の座に就きながら、彼は対外政策でプロイセンの鉄血宰相ビスマルクに苦杯を喫し、生きながら捕虜となるという屈辱的な最後をもって帝政の幕を閉じた。そのことがフランス国民にとっては思い出したくない過去の事件の主役、あるいは共和政体における民主主義発展の歩みを逆行させた張本人というイメージをナポレオン三世にあたえてしまった。

とはいえ、彼自身はどのような帝国をつくろうとしたのか？　自由と民主主義に逆行するような体制を、「帝国」という言葉から想像する人は多いだろう。しかし、彼は対外的に華々しい征服を行なった第一帝政を復元させようとしたのではない。一八五二年十月、皇帝即位直前に彼がボルドーで行なった演説、彼のいわばマニフェストをみてみよう。

「フランスは帝国に戻りたがっているように思えます。……一部の人びとがいだく不安には、私は答えなければなりません。彼らは挑戦的な意図をもって言います、『帝国、すなわちそれは戦争ではないか』と。私はこう言いましょう、『帝国とは、平和だ』と。……われわれには開墾すべき広大な領土があります。穿つべき港があります、延長しなければならない鉄道があります……。」（本書六八頁）

帝政初期に実施した彼の政策は、確かにこのマニフェストに沿ったものであった。考えてみれば第一次産業革命を経験中のフランスに必要なものは、経済発展の基礎となる鉄道をはじめとする輸送網と、それを中心とする国土整備であり、近代的銀行制度であり、鋳鉄の増産であり、関税引き下げや規制緩和による貿易自由化であった。こうした時代の要請に見事に応えられたのは、彼が反乱の失敗でアムの獄中にあって学んだサン＝シモン主義思想にもとづく理念をもっていたからである。そして現実と結びついたその理想が最も見事に開花したのが、華麗な万国博覧会であり、パリを中心とする都市改造事業である。とくにわれわれがこんにち賛嘆してやまないパリを、彼は「世界一美しい都市」にしたいと願い、辣腕知事オスマン男爵を起用してその夢を実現させた。これを思えば、今まであまりに黙視されすぎた帝王に、いささかなりとも名誉回復がはかられてよい。著者ランツは、法学者であると同時に歴史家もあり、また民間の研究機関にいてジャーナリストとして活躍した経験もあるという。ナポレオン三世は、その人生とその功罪を語ってもらうのにふさわしい人にようやく巡り会えたといえよう。

後先になるが本書は、Thierry Lentz, *Napoléon III* (Coll. « Que sais-je? » n° 3021, PUF, Paris, 1995) の全訳で

ある。

著者ランツ（一九五九年〜）はモーゼル県に生まれて、大学で公法を学び一九八八年までメッス、ナンシーならびにパリ大学CELSA（高等情報通信科過程）で憲法を教えた。その後、民間セクターに転身し建築業の大手ブイグ社の海外事業部で働き、各地を転々とするかたわら、ナポレオン時代の研究に打ち込んだ。一二年後の二〇〇〇年、趣味に近かった研究の成果が発揮される機会が訪れる。家具製造業で有名なグループによって一九八七年に設立され、皇帝の遺品その他の資料収集を目的としたナポレオン財団に理事長として招かれたのである。本書はそうした彼のライフワークの一端であり、二〇〇三年に書かれた『ナポレオン』つまり初代皇帝の伝記の露払い的役割を果たす著作といってよいかもしれない。参考までにインターネットで調べた二〇〇〇年以後の主要な著作をここに挙げておく。

- *Nouvelle Histoire du Premier Empire IV : Les Cent-Jours (1815)*, Fayard, 2010.
- *Nouvelle Histoire du Premier Empire III : La France et l'Europe de Napoléon (1804-1814)*, Fayard, 2007.
- *Napoléon, l'esclavage et les colonies*, Fayard, 2006.
- *Napoléon et l'Europe* (direction), Fayard, 2005.
- *Sainte-Hélène, île de Mémoire* (direction), Fayard, 2005.
- *Nouvelle Histoire du Premier Empire II : L'effondrement du système napoléonien (1810-1814)*, Fayard, 2004.
- *Napoléon*, Coll.« Que sais-je ? », PUF, 2003.
- *Nouvelle Histoire du Premier Empire I : Napoléon et la conquête de l'Europe (1804-1810)*, Fayard, 2001.

• *Savary, le séide de Napoléon*, Fayard, 2001.
• *Le Grand Consulat (1799-1804)*, Fayard, 1999.

翻訳にあたっては、長年にわたり友人としておつきあいいただいたパリ国立科学研究所研究員で中世史家クレール・カプレール女史から、多くの助言とご教示そして多大の激励を受けた。とくに記して感謝したい。

またいささか衰えかけた視力のゆえに犯したミスを丹念に指摘してくださった編集の中川すみさんはもとより、翻訳という労多くして益すくない仕事をつづける訳者を支えてくれた多くの友人、ならびに家族にもこのさい「ありがとう」と申し上げたい。

二〇一〇年初秋

幸田礼雅

参考文献
（原著者による）

ナポレオン三世について

【1】 Dansette (A.), *Louis-Napoléon à la conquête du pouvoir*, Paris, Hachette, 1961.

【2】 Desternes (S.) et Chandet (H.), *Napoléon III, homme du XXe siècle*, Paris, Hachette, 1961.

【3】 Girard (L.), *Napoléon III*, Paris, Fayard, 1986.

【4】 Guériot (P.), *Napoléon III*, Paris, Payot, rééd, 1980, 2 vol.

【5】 Séguin (P.), *Louis-Napoléon le Grand*, Paris, Grasset, 1990.

【6】 Smith (W.), *Napoléon III*, Paris, Hachette, 1982.

ナポレオン三世の政策について

【7】 Bluche (F.), *Le bonapartisme, aux origines de la droite autoritaire (1800-1850)*, Paris, Nouvelles Editions latines, 1980.

【8】 Bluche (F.), *Le bonapartisme*, Paris, PUF, Coll.« Que sais-je? », 1981.

【9】 Zeldin (T.), *The political system of Napoléon III*, London, Mac Millan, 1958.

第二帝政について

【10】 Dansette (A.), *Du 2 décembre au 4 septembre*, Paris, Hachette, 1972.

【11】 Dansette (A.), *La deuxième République et le second Empire*, Paris, Fayard, 1944.

【12】 Dansette (A.), *Naissance de la France moderne. Le Second Empire*, Paris, Hachette. 1976.

【13】 *Dictionnaire du Second Empire*, sous la direction de Jean Tulard, Paris, Fayard, 1995.

【14】 Pradalié (G.), *Le Second Empire*, Paris, PUF, coll.« Que sais-je? », 8e éd., 1992.

【15】 Plessis (A.), De la fête impériale au mur des fédérés, Paris, Seuil, coll. « Nouvelle Histoire de la France contemporaine », 1979.

普仏戦争について

【16】 Guillemin (H.), *Cette curieuse guerre de 70*, Paris, Gallimard, 1956.

【17】 Roth (F.), *La guerre de 70*, Paris, Fayard, 1990.

【18】 Poidevin (R.) et Bariéty (J.), *Les relations franco-allemandes. 1815-1875*, Paris, Armand Colin, 1977.

参考文献
（訳者による）

【19】Jean Descars, *Eugénie La dernière impératrice*, Paris, 2000.
【20】Pierre Milza, *Napoléon III*, Paris, Perrin, 2004.
【21】鹿島茂『怪帝ナポレオンⅢ世』，講談社，2004年.
【22】森田鉄郎『イタリア民族革命』，近藤出版社，1976年.

訳者略歴
幸田礼雅（こうだ・のりまさ）
一九三九年生まれ、一九六六年東京大学仏文科卒業、西洋美術専攻。
主要訳書
R・エスコリエ『ドーミエとその世界』（美術出版社）、A・フェルミジエ『ロートレック』（美術公論社）、J・アデマール他『版画』（白水社文庫クセジュ）、A・デュマ『がんくつ王』（ポプラ社文庫）、C・シュベル『伝記・オーデュボン』（TBS・ブリタニカ）、J・ギトン他『神と科学』（新評論）、ヘンリー・H・ハート『ヴェネツィアの冒険家』（新評論）、M・アルテール『救出者』（日本放送出版協会）、C・カプレール『中世の妖怪、悪魔、奇跡』（新評論）、M・ラシヴェール『ワインをつくる人々』（新評論）

ナポレオン三世

二〇一〇年一〇月 五 日印刷
二〇一〇年一〇月二五日発行

訳者 © 幸田礼雅
発行者 及川直志
印刷所 株式会社 平河工業社
発行所 株式会社 白水社

東京都千代田区神田小川町三の二四
電話 営業部〇三（三二九一）七八一一
編集部〇三（三二九一）七八二一
振替 〇〇一九〇－五－三三二二八
郵便番号一〇一－〇〇五二
http://www.hakusuisha.co.jp
乱丁・落丁本は、送料小社負担にてお取り替えいたします。

製本：平河工業社
ISBN978-4-560-50951-7
Printed in Japan

文庫クセジュ

歴史・地理・民族（俗）学

62 ルネサンス
79 ナポレオン
116 英国史
133 十字軍
160 ラテン・アメリカ史
191 ルイ十四世
202 世界の農業地理
297 アフリカの民族と文化
309 パリ・コミューン
338 ロシア革命
351 ヨーロッパ文明史
382 海賊
412 アメリカの黒人
428 宗教戦争
491 アステカ文明
506 ヒトラーとナチズム
530 森林の歴史
536 アッチラとフン族
541 アメリカ合衆国の地理
566 ムッソリーニとファシズム
586 トルコ史
590 中世ヨーロッパの生活
597 ヒマラヤ
602 末期ローマ帝国
604 テンプル騎士団
610 インカ文明
615 ファシズム
636 メジチ家の世紀
648 マヤ文明
664 新しい地理学
665 イスパノアメリカの征服
669 新朝鮮事情
684 ガリカニスム
689 言語の地理学
705 対独協力の歴史
709 ドレーフュス事件
713 古代エジプト
719 フランスの民族学
724 バルト三国
731 スペイン史
732 フランス革命史
735 バスク人
743 スペイン内戦
747 ルーマニア史
752 オランダ史
755 朝鮮半島を見る基礎知識
760 ヨーロッパの民族学
766 ジャンヌ・ダルクの実像
767 ローマの古代都市
769 中国の外交
781 カルタゴ
782 カンボジア
790 ベルギー史
806 中世フランスの騎士
810 闘牛への招待
812 ポエニ戦争
813 ヴェルサイユの歴史
814 ハンガリー
816 コルシカ島

文庫クセジュ

819 戦時下のアルザス・ロレーヌ
825 ヴェネツィア史
826 東南アジア史
827 スロヴェニア
828 クロアチア
831 クローヴィス
834 プランタジネット家の人びと
842 コモロ諸島
853 パリの歴史
856 インディヘニスモ
857 アルジェリア近現代史
858 ガンジーの実像
859 アレクサンドロス大王
861 多文化主義とは何か
864 百年戦争
865 ヴァイマル共和国
870 ビザンツ帝国史
871 ナポレオンの生涯
872 アウグストゥスの世紀
876 悪魔の文化史
877 中欧論
879 ジョージ王朝時代のイギリス
882 聖王ルイの世紀
883 皇帝ユスティニアヌス
885 古代ローマの日常生活
889 バビロン
890 チェチェン
896 カタルーニャの歴史と文化
897 お風呂の歴史
898 フランス領ポリネシア
902 ローマの起源
903 石油の歴史
904 カザフスタン
906 フランスの温泉リゾート
911 現代中央アジア
913 フランス中世史年表
915 クレオパトラ
918 ジプシー
922 朝鮮史
925 フランス・レジスタンス史
928 ヘレニズム文明
932 エトルリア人
935 カルタゴの歴史
937 ビザンツ文明
938 チベット
939 メロヴィング朝
942 アクシオン・フランセーズ
943 大聖堂
945 ハドリアヌス帝

文庫クセジュ

語学・文学

28 英文学史
185 スペイン文学史
223 フランスのことわざ
258 文体論
266 音声学
407 ラテン文学史
453 象徴主義
466 英語史
489 フランス詩法
514 記号学
526 言語学
534 フランス語史
579 ラテンアメリカ文学史
598 英語の語彙
618 英語の語源
646 ラブレーとルネサンス
690 文字とコミュニケーション
706 フランス・ロマン主義
711 中世フランス文学
714 十六世紀フランス文学
716 フランス革命の文学
721 ロマン・ノワール
729 モンテーニュとエセー
730 ボードレール
741 幻想文学
753 文体の科学
774 インドの文学
776 超民族語
777 文学史再考
784 イディッシュ語
788 語源学
800 ダンテ
817 ゾラと自然主義
822 英語語源学
829 言語政策とは何か
832 クレオール語
833 レトリック
838 ホメロス
840 語の選択
843 ラテン語の歴史
846 社会言語学
855 フランス文学の歴史
868 ギリシア文法
873 物語論
901 サンスクリット
924 二十世紀フランス小説
930 翻訳
934 比較文学入門